HEYNE <

JÖRG SARTOR, treuer SPD-Wähler und Bergmann mit Leib und Seele, kümmert sich seit 2006 mit viel Engagement als ehrenamtlicher Vorsitzender der Essener Tafel um die Belange der Ärmsten in seiner Heimatstadt. Die von ihm vertretene Entscheidung, die Neuaufnahme bei der Essener Tafel für Ausländer zeitweilig auszusetzen, sorgte für eine erhitzte öffentliche Debatte und lenkte die Aufmerksamkeit von Öffentlichkeit und Politik auf die Nöte und Konflikte im Ruhrgebiet.

JÖRG SARTOR
AXEL SPILCKER

SCHICHT IM SCHACHT

Verarmung, gescheiterte Integration, gespaltene Gesellschaft – der Niedergang des Ruhrgebiets. Eine Streitschrift

WILHELM HEYNE VERLAG
MÜNCHEN

MIX
Papier aus verantwortungsvollen Quellen
FSC® C014496

Verlagsgruppe Random House FSC® N001967

2. Auflage
Originalausgabe 10/2019

Redaktion: Beate Koglin
Umschlaggestaltung:
Werbeagentur Hauptmann und Kompanie, Zürich
unter Verwendung eines Fotos von: © Random House / Jürgen Naber
Satz: Satzwerk Huber, Germering
Druck: GGP Media GmbH, Pößneck
Printed in Germany
ISBN: 978-3-453-60517-6

www.heyne.de

Inhalt

Prolog

Mensch, jetzt schreibt der noch ein Buch. Erst schreckt er die ganze Republik auf, ist in allen Medien präsent, sodass selbst mancher Bekannter im Sportverein und anderswo ihn schief anschaut. Und nun auch noch ein Buch.

»Du biss bekloppt«, haben manche zu mir gesagt. »Größenwahnsinnig«, meinten andere.

Aber solche Kommentare ließen mich kalt. Ich habe lange mit mir gekämpft, aber letztlich musste ich es einfach tun, ich konnte nicht anders, als dieses Buch zu schreiben und mich mitzuteilen.

Gestatten, dass ich mich vorstelle: Jörg Sartor, Chef der Essener Tafel. Ich bin der Mann, der im Frühjahr 2018 mit einem zeitweiligen Aufnahmestopp für Ausländer bei der Tafel monatelang für Schlagzeilen sorgte. Ich bin das Enfant terrible, an dem sich die Geister der Republik erregten. Mal pro, mal kontra. Wie kein Zweiter habe ich mit meiner Entscheidung damals polarisiert: die Öffentlichkeit, Medien und Politik gleichermaßen – bis hinauf zur Kanzlerin. Dabei wollte ich einfach nur die Balance zwischen ausländischen und deutschen Tafelkunden wiederherstellen.

Mit dem vorübergehenden Aufnahmestopp wollte ich ein Problem lösen, das inzwischen viele soziale Lebensmittelhilfen in ganz Deutschland betrifft. Nur traute sich bis dahin kaum einer, öffentlich über das Problem zu reden. Wer wollte schon an den medialen Pranger gestellt werden, wenn er das Dilemma vor Ort beschreibt. Dass beispielsweise bis zu 80 Prozent überwiegend junge männliche Flüchtlinge vor der Tür stehen und die deutschen Omas wegbleiben, weil sie sich unwohl fühlen. Die Essener Tafel ist beileibe kein Einzelfall, nur kaum einer traut sich bis heute, die Integrationsprobleme auch bei jenen, die am Existenzminimum leben, sachlich zu beschreiben.

Wie gesagt, worum es mir ging, ist die Balance. Betrachtet man allerdings den öffentlichen Diskurs, der mit meiner Aussage losgetreten wurde, gibt es scheinbar nur Schwarz oder Weiß. Kein Mittelmaß, kein Abwägen, kein Für und Wider. Lieber grob schnitzen und die Augen verschließen vor der Realität.

Meine Haltung befeuert die Debatte um die Flüchtlingspolitik bis heute. Trotz Einwanderungsgesetz und Kompromissen in der großen Koalition schwelt sie unablässig weiter. Siehe die rechten Krawalle in Chemnitz, die Umtriebe von Neonazi-Cliquen im Dortmunder Norden, siehe die Ausschreitungen von HoGeSa (Hooligans gegen Salafisten) in Köln 2014.

Zugleich kommt noch eine andere Seite der Medaille zum Tragen: gerade im Ruhrgebiet, gerade auch in meiner Heimatstadt Essen. Hier erreichte der umstrittene Staatspräsident Recep Tayyip Erdoğan den höchsten Zuspruch bei den Wahlen zum türkischen Parlament im vergangenen Jahr. 69 Prozent der wahlberechtigten türkischen Einwohner von Essen stimmten für den Autokraten in Ankara.

Die Probleme im Revier sind zusehends gewachsen: Armutszuwanderung aus den neuen EU-Staaten Rumänien und Bulgarien, steigende Kriminalität durch arabisch-libanesische Clans und schließlich die Flüchtlingswelle von 2015/2016, die gerade die ohnehin hoch verschuldeten Städte in der einstigen Bergbauregion völlig überfordert.

Die merkelsche Devise »Wir schaffen das« habe ich für mich immer schon klipp und klar mit dem Zusatz versehen: »Aber nicht so.« Auf jeden Fall nicht im Ruhrpott. Da kenne ich mich aus, da bin ich zu Hause. Auch wenn Politiker in ihren Sonntagsreden anderes verkünden, nehmen die Missstände in meiner Heimat zu. Deshalb schreibe ich dieses Buch. Ich will aufrütteln, den Finger in die Wunde legen. Ohne Wenn und Aber beschreiben, was aus meiner Sicht schiefläuft.

Denn ich bin einer, der sich nicht damit abfinden will, dass unsere Städte im Revier nach dem Aus von Kohle und Stahl ihre Orientierung verloren haben, dass sie sich vor lauter Schulden nicht mehr bewegen können. Es macht mich krank zuzusehen, wie der Mangel entlang der Ruhrroute A 40 heutzutage nur noch verwaltet wird. Ich bin einer, der nicht schweigen kann, der offen ausspricht, was er denkt. Auch auf die Gefahr hin, anzuecken und vom politischen Mainstream verhauen zu werden.

Geboren bin ich im Stadtteil Altenessen, Sohn eines Bergmanns und Gewerkschafters, Spross einer Familie von SPD-Wählern. Jahrzehntelang auf einer Zeche beschäftigt, verfüge ich über den inneren Kompass, der den Sozialdemokraten in ihrer einstigen Herzkammer im Revier verloren gegangen ist. Die Genossen haben keine Antworten mehr auf die Probleme der Menschen hier vor Ort, sie verharren immer noch in ihren alten Denkmustern. Und auch die anderen Parteien können es kaum besser.

Dreißig Jahre habe ich unter Tage als Steiger malocht. Heute mit 62 bin ich längst in Frührente und engagiere mich bei einer der größten Lebensmitteltafeln Deutschlands als ehrenamtlicher Vorsitzender. Ich bin gut vernetzt in Politik, Kirche und Verwaltung und weiß um die sozialen Probleme in Essen und in anderen Montanmetropolen. Mir ist klar, dass die armen Syrer für die Probleme, die wir jetzt mit ihnen haben, gar nichts können. Die Misere unseres Umgangs mit Migranten hat schon viel früher begonnen, mindestens vor dreißig Jahren. Irgendwann fing etwas an, gründlich danebenzugehen in Sachen Integration.

Im Laufe der vergangenen Jahre und Jahrzehnte ist bei mir ein Stück Heimatgefühl verloren gegangen. Vieles hat sich geändert in Essen und im ganzen Pott. Was einst ein Wir-Gefühl an der Ruhr entstehen ließ, zerfasert zusehends. Der soziale Zusammenhalt schwindet, und allzu oft verdrängt der Anspruch »ich zuerst« das Gemeinschaftsdenken. Wir, die einstigen Malocher und Einwohner, haben uns aus den Augen verloren.

Ich will davon erzählen, warum sich gerade die hoch verschuldeten Ruhr-Städte nach dem Aus von Kohle und Stahl so schwertun, wieder auf die Beine zu kommen. Ende 2018 schloss die letzte Zeche im Revier in Bottrop. Für alte Kumpels wie mich ein bedrückendes Ereignis. Zumal bis heute die Frage nicht geklärt ist, wie es nun weitergeht im Revier.

Ich nehme die Leserinnen und Leser zunächst mit auf einen Rundgang durch die Quartiere meiner Kindheit und Jugend, berichte sodann von der Zeit unter Tage, über die schwere Verantwortung, eine Kolonne zu führen, über die Mühsal, acht Stunden in tausend Meter Tiefe seinen Mann zu stehen, über ein Leben voller Gefahren, schwerer Unglücke und Toter.

Es gab natürlich auch dolle Zeiten: Das Leben als Kumpel in der einst so prosperierenden Zechenmetropole Essen fühlte sich lange Zeit gut an. Die Bezahlung war top, ebenso die Karrierechancen, die soziale Betreuung durch die Zechenbetreiber nicht zu vergessen. Und es gelang uns, die ersten Zuwanderergenerationen aus Polen, die schon Ende des 19., Anfang des 20. Jahrhunderts gekommen waren, und später die Migranten aus der Türkei, die seit den 60er-Jahren zuwanderten, erfolgreich zu integrieren. Es war die Zeit, in der die Schlote rauchten, eine Ära der Vollbeschäftigung, in der der Zusammenhalt in der Stadt ein anderer war als heutzutage.

Schließlich begannen sich die Dinge zu ändern: Wie in einem Drama entwickelte sich vor meinen Augen der schleichende Verfall einer Montanregion mit gut fünf Millionen Einwohnern. Ich bin ein Zeitzeuge, wie sich durch das Sterben der Berg- und Stahlwerke der Niedergang vollzog. Anhand von vielen Beispielen möchte ich darlegen, wie meine Stadt und Umgebung zu einem sozialen Notfall wurden und abstürzten. Bewegt, traurig und zornig zugleich – diese Empfindungen treiben mich geradezu um.

Ganze Stadtteile in Duisburg, Essen, Dortmund oder Gelsenkirchen fangen an zu verelenden oder drohen zu kippen:

Nicht zuletzt weil kriminelle Geschäftemacher Migranten aus Rumänien und Bulgarien in sogenannten Schrottimmobilien unterbringen, um mit ihnen staatliche Leistungen zu erschleichen.

Zudem gibt es arabische und libanesische Großfamilien mit Hunderten von Familienmitgliedern. Diese Clans kontrollieren inzwischen ganze Straßenzüge. Längst haben sie ein großes Netzwerk aufgebaut, das von Berlin über Bremen bis an die Ruhr reicht. Auch wenn etwa die Duisburger Polizei vehement Vorwürfen widerspricht, dass No-go-Areas entstanden sind, so erinnert manches an abgeschottete Parallelgesellschaften, in denen Friedensrichter Konflikte lösen sollen und die generell die hiesige gesellschaftliche Ordnung ablehnen. Wer was auf sich hält, fährt einen hochgetunten Mercedes AMG oder Porsche, die Fahrzeugpapiere laufen über einen Strohmann, weil man ja offiziell Hartz IV kassiert.

»Lange Zeit ist dieses Phänomen vollkommen falsch eingeschätzt worden«, monierte der Essener Polizeipräsident Frank Richter in einem Gespräch mit Focus-Online. »Diese Menschen sehen den Staat als Beute an. Das gilt nicht für alle, aber zumindest für einen Teil.«[1] Diese Äußerungen bedienen keine rassistischen Klischees, sondern decken sich mit meinen täglichen Eindrücken.

Und die Politiker? Quer durch alle Parteien haben sie weggeschaut und lange Zeit nichts gegen Missstände unternommen. Dabei sind die Probleme gerade in meiner Heimatstadt Essen seit Jahren offensichtlich: wachsende Altersarmut, der Essener Norden am Rande des Abgrunds. Viele deutsche Familien ziehen weg, in etlichen Stadtteilen liegt der Ausländeranteil inzwischen bei 50 bis 80 Prozent. So sind hier Gettos entstanden, in denen die Integration nicht gelingen kann.

In jeder dritten Grundschule in NRW verfügt gut die Hälfte der Kinder über einen Migrationshintergrund. In 56 dieser Schulen zwischen Rhein und Ruhr bestehen die Klassen laut NRW-Schulministerium sogar fast ausschließlich aus Zuwandererkindern.

Besonders hohe Quoten nennen die Experten für Essen, Dortmund und Duisburg. Der Schwerpunkt liegt im Essener Norden, dem Armenhaus der Stadt. Hier ist ein gefährliches Ungleichgewicht entstanden, vergleichbar etwa mit den sozialen Brennpunkten in Berlin-Neukölln. Dort haben Schulleiter sich im Sommer 2018 in Brandbriefen an den Berliner Senat gewandt und die gravierenden Probleme benannt.

»Immer häufiger unterrichten wir Kinder, die den Anforderungen der Schule noch nicht gerecht werden«, beklagen die Lehrer. »Stetig wächst die Anzahl der Schüler, die ihre Mitarbeit verweigern, über wenig Anstrengungsbereitschaft verfügen, aufgrund mangelnder Sprachkenntnisse nicht am Unterrichtsgespräch teilnehmen können, ständig abgelenkt sind, Probleme durch Handgreiflichkeiten lösen.«

Ähnliche Verhältnisse drohen auch an Brennpunktschulen an der Ruhr. Auch wenn manche es nicht wahrhaben wollen, aber diese Entwicklung ist in meinen Augen ein Alarmsignal dafür, dass Integration gescheitert ist. Wenn die Kleinen schon auf der Schulbank die deutsche Sprache nur unzulänglich lernen und in einem Viertel leben, in dem sich eine Parallelgesellschaft etablieren konnte, dann ist es aus meiner Sicht fünf vor zwölf.

Einstige blühende Arbeiterquartiere wie Duisburg-Marxloh, Hochfeld oder Hamborn haben einen schlimmen Niedergang erlebt. Ehemals noble Einkaufsstraßen wandeln sich zusehends in Billigmeilen mit Spielhallen, Wettbuden, Handyshops, Dönerläden und Halal-Geschäften. Siehe etwa die Steeler Straße, die direkt an unserem Tafel-Standort vorbeiführt.

Vieles, was gerade in Deutschlands größtem Ballungsraum mit zwölf großen Städten geschieht, birgt enormen sozialen Sprengstoff. Besonders im Essener Norden, meiner Heimat, fühlen sich viele Alteingesessene abgehängt, schlichtweg vergessen. Die Arbeitslosenrate liegt im April 2019 bei rund zehn Prozent, weit über dem Bundesschnitt von knapp fünf Prozent. Zudem drückt auch die Altersarmut vermehrt. Das merke ich jeden Tag bei uns an der Lebensmitteltafel. Wenn wir könnten, müssten wir anstatt 6000 die doppelte Quote an Bedürftigen versorgen. Solche Zahlen aber sprengen unsere Kapazitäten.

Und als hätte es nicht schon genug Probleme gegeben, wirkte die große Anzahl an Flüchtlingen, die 2015/16 zuwanderte, wie zusätzlicher Zündstoff. Die Probleme der Region sind noch weitergewachsen und nicht mehr zu übersehen. Doch angesichts der zur Verfügung stehenden Mittel war das für uns eben nicht mehr zu schaffen. Dieser Missstand spielte letztlich der AfD in die Hände. In den Revierstädten holten die Rechtspopulisten bei der Bundestagswahl 2017 durchweg zweistellige Ergebnisse, in manchen Stadtteilen sogar bis zu 24 Prozent.

In kaum einer anderen Region hierzulande spiegeln sich die sozialen Probleme so deutlich wider wie in den einstigen Arbeiterquartieren. Die Not wird allenthalben größer. Beinahe jeder fünfte der fünf Millionen Bewohner der einstigen Montanregion zwischen Rhein und Ruhr hängt am staatlichen Tropf. Der Kampf um die wenigen Mittel zwischen den armen Menschen im Revier und den Migranten ist gerade bei Einrichtungen wie der Essener Tafel täglich spürbar. Auch davon will ich in diesem Buch erzählen.

Ich möchte berichten, wie es ist, wenn wir Not leidende Menschen abweisen müssen, weil der Andrang zu groß geworden ist. Es ist zwar nicht leicht, aber eines musste ich in diesem Job lernen: Nein sagen zu können. Ein Nein, das Politiker angesichts bestimmter sozialer Missstände schon längst hätten aussprechen müssen. Zumindest bei der Essener Tafel haben wir unser Ziel – gegen alle Widerstände – erreicht. Es ist uns gelungen, wieder eine Balance zu schaffen. Die Omas sind zurückgekommen, das Gleichgewicht zwischen den verschiedenen Gruppen der Lebensmittelbezieher ist wiederhergestellt.

Allerdings handelt es sich nach wie vor um einen fragilen Zustand, der jederzeit wieder kippen kann. Fast jeden Monat müssen wir Tafel-Macher uns aufs Neue etwas einfallen lassen, um eine möglichst gerechte Verteilung von Nahrung und Kleidung zu gewährleisten.

Essen gilt wegen seiner großen syrischen Community als Anlaufpunkt für weitere Flüchtlinge. Das Problem wird daher in den nächsten Jahren nicht geringer, sondern eher größer, wenn wir es nicht schaffen, andere Lösungen zu finden. Auch dazu möchte ich am Ende meines Buchs einige Vorschläge machen.

Ich will mir dabei nicht anmaßen, der Buschkowsky aus Essen zu sein, sondern einfach aus der Sicht eines Insiders einen bedrohlichen Abwärtstrend beschreiben, an dessen Ende sich die Ärmsten der Armen aus Deutschland und dem Ausland um Lebensmittel streiten. Diese Entwicklung hat mich motiviert, dieses Buch zu schreiben. Denn wenn wir nicht noch mehr Wähler an die AfD verlieren wollen, müssen wir alle ganz genau hinschauen, benennen, was falsch läuft, und anders handeln.

Was wir am Ende des Tages brauchen, ist ein Masterplan fürs Revier, ein Aufbau West. Ein neuer Hilfspakt muss her. Ein gesamtdeutscher Soli, der je nach Bedürftigkeit den Kommunen unter die Arme greift und nicht nur Geld von West nach Ost transferiert. Gerade die hoch verschuldeten Ruhrmetropolen brauchen mehr staatliche Unterstützung, um ihre milliardenschweren Altlasten zu tilgen, die wachsenden sozialen Herausforderungen zu meistern und die teils marode Infrastruktur wieder instand zu setzen.

Kapitel 1

Die schwarze DNA meiner Kindheit

Da naht sie, die Überführung. Oben auf dem tristen, dunkelgrauen Gemäuer weist das Schild der S-Bahn-Station den Weg nach »Altenessen«. Einer Barriere gleich legt sich die Bahnbrücke im ersten Stock über die Haupteinfallstraße in den Essener Norden. Sie wirkt wie ein Grenzzaun, der heute eher trennt als verbindet: den reichen Süden der Ruhrmetropole vom armen Norden.

Kurz geht es hinein in einen Tunnel, bevor ich wieder ins helle Licht eintauche. Wir befinden uns im tiefsten Essener Norden: Püttland, Kumpels Heimat, Malocherbezirk, ureigenes Zechenterrain. Zumindest war das früher so. Früher. »Jesses, wat waren dat für Zeiten.«

Aber ehe ich in schwärmerisches Heimatgetue verfalle, schalte ich noch mal einen Gang runter und rolle langsamer durch mein altes Viertel. Hier bin ich 1956 geboren, dort drüben in den ehemaligen Zechenwohnungen. Ein lang gestreckter Quader, der eigens vor sechzig Jahren für die Bergleute errichtet wurde. Damals waren 60 Quadratmeter große Wohnungen für Vierpersonenhaushalte wie unsereins schon was. Da lebten nicht einfache Bergmänner, sondern Grubenangestellte wie mein Vater in der Hausnummer 484.

Heute blättert der Putz herunter, viele Fensterscheiben sind zerbrochen. Vor dem Eingang packt gerade ein älterer Mann seinen alten Kombi mit allerlei Habseligkeiten voll. Er ist der letzte der Mohikaner, der die Bruchbude verlässt. Einst gehörten die Wohnquartiere der Industriellenfamilie Hoesch, heute will ein Investor neu bauen.

Hier hat mein Vater als aufstrebender Bergmann in der benachbarten Zeche Fritz unter Tage geschafft. Hier habe ich im Hinterhof zwischen Garagen und einem schmalen Grünstreifen mit meinen Kumpels gespielt: Fußball, Verstecken, »Wer hat Angst vorm schwarzen Mann?«, Cowboy und Indianer – einfach alles.

Wo heute noch ein paar Schrottkarren parken und die heruntergekommene Fassade vom bevorstehenden Abbruch der ganzen Wohnzeile kündet, dort war früher unser Spielparadies. Jede Familie hatte zwei bis drei Kinder. Und die spielten meist im Hinterhof: Wettrennen auf dem Verbindungsweg, auf Bäume klettern, Dächer erklimmen, Streiche aushecken. Schrammen, Beulen, blaue Flecken oder auch mal eine zerrissene Hose ließen unsere Mütter damals kalt.

»Schad dem Jung doch nit.« Was ihre Kleinen taten, besorgte die Frauen nicht sonderlich. Die kamen schon klar, außerdem fehlte es an Zeit, um ständig das Tun der Sprösslinge zu überwachen.

Geburtstagsfeiern im Klettergarten, Fahrradhelme für Dreijährige oder die heutige Manie, Babys in einem Tragesitz oder -tuch ständig vor der Brust zu tragen – all das gab es nicht. Bei Ärger in der Schule wurde kein Anwalt eingeschaltet. Da musste man einfach durch.

Ich weiß nicht, wie oft meine Mutter mit mir beim Arzt war, um irgendwelche Wunden versorgen zu lassen, die ich mir beim Spielen oder auf dem Nachhauseweg vom Kindergarten und später von der benachbarten Grundschule zugezogen hatte.

Die Frauen saßen im Sommer draußen auf dem kleinen Rasenstreifen, schälten Kartoffeln oder verrichteten andere Dinge beim Schwätzchen. Unablässig plauderten sie mit ihren Nachbarinnen. Das Miteinander war täglich greifbar. Und das Getratsche: »Haste schon jehört? De Frau Kaschulze vom dritten Stock ...«

Der heutige Zeitgeist würde diese Art des Zusammenlebens in unserer Siedlung vermutlich als übertriebene soziale Kontrolle abqualifizieren. Antiquierte Rollenverteilung zwischen Mann und Frau, ausgeprägtes Patriarchat aufm Pütt, so würden manche Zeitgenossen diese Verhältnisse heute nennen. Das stimmt sicher, aber bei uns hatte es nicht den Makel, den ihm heutige Kritiker anheften wollen. Vielmehr folgten wir einer einfachen Devise: Man kannte sich, man half sich und redete über- wie auch miteinander. Der heutige Drang nach Individualismus, der beengte Blick auf die eigene kleine Lebenswelt, in der es wenig kümmert, was der Nachbar treibt, wie es ihm geht oder was er denkt, waren uns völlig fremd.

Ich bin vor 62 Jahren in Essen geboren. Da gab es außer Radio und Festnetztelefon keine Kommunikationsmittel. Über Letzteres verfügten nur einige wenige. Wer sich mitteilen wollte, musste das notgedrungen im persönlichen Gespräch tun. Stundenlang konnten sich die Männer am Tresen über Nichtigkeiten auslassen. Pils und Korn. Ein Gedeck nach der Schicht, um alsbald auch die ernsten Dinge des Lebens abzuhandeln: Fußball, Rot-Weiß Essen oder weiter nördlich Schalke 04.

Letztlich aber drehte sich alles um die Kohle. Die schwarze DNA im Revier, die goldene Lebensader, die damals in den Hochzeiten knapp eine halbe Million Beschäftigte samt ihren Familien im Ruhrpott ernährte.

Die Männer debattierten über Fördermengen, die Malaisen und Gefahren unter Tage, über die Kokszuweisungen, die Zulagen oder auch über den Arbeitskampf gegen die Zecheneigner. »Papa gehört am Samstag mir«, lautete eine Forderung der Gewerkschaften Ende der 50er-Jahre. Immer wieder marschierten wir als Knirpse bei Demonstrationsumzügen der IG Bergbau und der örtlichen SPD mit, um diese Ziele durchzusetzen.

Letztlich gaben die Grubenbesitzer nach, der Sonnabend fiel als Arbeitstag weg. Fortan galt die Fünftagewoche. Mein Vater ging immer vorneweg bei den Protestkundgebungen. Er war ein durch und durch politischer Mensch: Betriebsratsmitglied, Gewerkschafter und SPD-Parteigenosse. Wer was werden wollte, kam meist nur durch diesen Dreiklang nach oben.

Mein Vater ackerte sich vom einfachen Bergmann hoch zum Steiger. Schließlich schaffte er es bis zum Arbeits- und Personaldirektor der Zeche Nordstern im benachbarten Gelsenkirchen. Das war ein steiler Weg in die Chefetage.

Dass er mitunter zwei Tage nicht nach Hause kam, hat er mal so erklärt: Erst stand die Achtstundenschicht an, dann tagte der Betriebsrat – meist mit Bier und Korn –, darauf folgten letztlich noch Beratungen im SPD-Ortsverein.

Solche »Sitzungen« zehrten sichtbar an meinem Vater. Jedoch werde ich nie vergessen, wie er immer sagte: »Hört mal, dat mach ich doch alles nur für euch.« Denn eines war klar: Auf etlichen Zechen konntest du ohne die Gewerkschaft und die Genossen im Rücken die Karriere vergessen.

Aber folgen wir zunächst weiter den Spuren meiner Kindheit: Stadtkern Altenessen. In der Einkaufsstraße finden sich heute meist Filialen von Billigketten, Dönerbuden, Supermärkte mit Halal-Logo, arabische und türkische Friseure und Handyshops. Dazwischen breiten sich Spielhallen und Wettbüros aus wie ein wucherndes Geschwür. Von den einstigen Modeläden, Möbelgeschäften, Metzgereien und Bäckereien, Cafés, Restaurants oder Kneipen ist nur ein Bruchteil übrig geblieben.

Früher bin ich mit meiner Mutter hier häufig zum Einkaufen gewesen. Vater verdiente damals schon ganz ordentlich, und so konnten wir uns ab und an auch mal etwas leisten. Da gab es etwa den noblen Herrenausstatter Pröse, bei dem unsereins noch auf Kredit einkaufen durfte. So konnte mein Vater seine Anzüge in Raten abstottern.

Bei uns gegenüber öffnete einer der ersten Aldi-Supermärkte. Meine Mutter vermied es aber, dort einzukaufen. Das gehörte sich nicht für die Frau eines Steigers, der in 1000 Meter Tiefe eine ganze Kolonne von Arbeitern lenkte. Wer es zum Steiger gebracht hatte, der war schon wer. Der ging nicht in einen Discounter, der Lebensmittel zu Niedrigpreisen anbot.

Im Gegensatz zu den einfachen Kumpels lebte der Steiger in zecheneigenen Wohnungen mietfrei. Im Gegenzug musste er Lohnabzüge in Kauf nehmen, konnte aber sicher sein, dass alle drei, vier Jahre die eigenen vier Wände auf Kosten des Bergwerkbetreibers renoviert wurden. Ich weiß noch, wie der Malermeister mit einem großen Musterbuch vorbeischaute und wir uns in Ruhe eine neue Tapete aussuchen konnten.

Eine ganze Armada kleiner Handwerksbetriebe lebte von den Zechen – so wie auch die meisten Menschen im Revier. Die ganzen Gewerbetreibenden, Dienstleister, Geschäftsleute, die Kommunen – sie alle profitierten vom Kohleabbau und der Stahlproduktion.

Die Montanregion, Motor des deutschen Wirtschaftswunders, versorgte den fünftgrößten europäischen Ballungsraum nebst zwölf großen Städten mit dem nötigen finanziellen Kraftstoff. Zechenhochburgen wie Duisburg, Essen, Bochum, Gelsenkirchen, Oberhausen oder Dortmund erlebten damals ihre Blütezeit.

Und heute? Die Städte sind so hoch verschuldet, dass sie neue Kredite aufnehmen müssen, um etwa den Soli für Ostdeutschland mitfinanzieren zu können.

Bei dem Gedanken steigt Wut in mir auf. Aber was soll's. Geschenkt. Weiter geht's auf der Tour durch meine Kindheit. Da vorne links an der Altenessener Straße auf dem Karlsplatz gerät die Kirche St. Johann Baptist ins Blickfeld. Mangels Besucher und Geldmittel soll das Gotteshaus bald abgerissen werden. Der Kirchenvorstand hat das Gebäude vor einem Jahr an einen Krankenhausbetreiber verkauft. Da halfen auch keine Mahnwachen der Gemeindemitglieder oder die Aktionen einer eigens gegründeten Initiative gegen den Kirchenabriss.

Drei der vier katholischen Gebetsstätten in Altenessen werden bald Geschichte sein. Das ist gewiss auch eine Folge des drastischen Mitgliederschwunds, der besonders die christlichen Konfessionen im Ruhrgebiet trifft. Aber für viele Alteingesessene stellen diese Kirchen gleichwohl ein Stück Heimat dar, das nun den Abrissbaggern zum Opfer fällt.

Das Bistum verkündet zwar unaufhörlich, man habe kein Geld. Das mag glauben, wer will: Ich hege meine Zweifel, wenn ich an all den Immobilienbesitz der katholischen Kirche denke.

Am Kreisel, der zur neuen Umgehungsstraße führt, sehe ich immer wieder das alte Bild aus den Kindheitstagen vor mir: den Güterbahnhof mit all den Gleisen, wo das schwarze Gold verladen wurde. Nach dem Zechensterben machten die Stadtväter hier alles platt und gestalteten das Areal zur Grünfläche um.

Ein paar Hundert Meter weiter stand früher die sogenannte »Werksfürsorge«. Das war eine Art soziales Zentrum aus Kindergarten, Bücherei, der Begegnungsstätte für Mütter und der Praxis des Werksarztes.

»Dat war hier alles auf einem Ritt«, sinniere ich leise vor mich hin. Finanziert wurden solche Einrichtungen durch die Zechen. Die Betreiber hatten großes Interesse daran, auch im sozialen Bereich ihre Mitarbeiter und deren Familien eng an sich zu binden. Heute steht an dieser Stelle eine modern gestaltete Baptistenkirche.

Gegenüber machte die erste italienische Eisdiele auf – da war ich vier Jahre alt. Weiter drüben eröffnete 1960 eine jugoslawische Pommesbude. Anstatt Currywurst offerierte der Besitzer eine Bratwurst mit einer scharfen, braunen Soße. Echt lecker.

Alle paar Meter fanden sich in Altenessen Bierkneipen. An jeder Ecke rund um die Gruben standen die Männer an den Theken. Die meisten Wirtschaften verfügten über Säle, in denen die Leute damals ihre Feiern ausrichteten. Häufig tagten dort die örtliche SPD und die Gewerkschaften. Mitunter zelebrierten Landsmannschaften aus Bayern und dem Osten hier ihre eigenen Feste.

50 Pfennige kostete das Pils seinerzeit. Dort an der Altenessener Straße habe ich mein erstes Bier getrunken, heute ist da ein türkischer Klub drin. Dahinter ein türkisches Café. Nichts ist mehr zu sehen von dem Möbelgeschäft, dem Zigarrenladen, der großen Metzgerei. Es gibt in Altenessen keinen eigenständigen Metzger mehr, und auch viele der Kneipen sind längst verschwunden. Mit den Kohlegruben starben auch die Bierschwemmen.

Der nächste Weg führt mich zur benachbarten Zeche Fritz. Heute zeugen nur noch die rot-braunen Backsteinbauten vom Glanz alter Tage. Früher standen hier 500 Fahrräder der Kumpels am Eingang. Der Pförtner empfing die Werksführung mit Uniform und Schirmmütze. Und wehe, der hat uns Blagen erwischt, wenn wir uns durch die Pforte schleichen wollten, um in der Kantine unsere ersten Zigaretten zu erstehen.

Mein Vater verbrachte hier mehr Zeit als zu Hause. Ein echter Malocher, einer, der sich als Personaldirektor und Arbeitnehmervertreter vor allem für die Kumpels einsetzte.

Die Zeche ist längst Geschichte. Heute beherbergen die Räume ein nobles Restaurant. In der alten Kaue, dem einstigen Wasch- und Umkleideraum der Bergarbeiter, kann man inzwischen Hallenfußball oder Tennis spielen. Früher zählte der hiesige sogenannte Hansenschacht zu den modernsten Abbaugruben Europas. 1969 wurde er geschlossen.

200 Meter Luftlinie entfernt verfrachtete man die Kohle auf Züge der Köln-Mindener-Strecke, der ersten Verbindung zwischen Rheinland und Ruhrpott, die zu den Häfen in Duisburg oder sonst wohin führte.

Gegenüber dem Zechentor wohnten früher »die höheren Herren der Grube«: Reviersteiger, Fahrsteiger, Obersteiger und schließlich der Betriebsführer in der Villa unweit der Zeche. Dort gab es Hausdiener, die vor allem eine Aufgabe bewältigen mussten: die Koksheizung unten im Keller dreimal am Tag zu stochern. Durch die Nähe zum Werk konnten die Grubenbesitzer ihre leitenden Angestellten stets im Blick halten – auch ein subtiles Mittel sozialer Kontrolle. Da konnte keiner so einfach krankfeiern oder sich zu Hause gehen lassen.

In den Zechensiedlungen überwachten eigens eingesetzte Aufseher, dass die Hausregeln befolgt wurden. So etwa, wer im Haus an der Reihe war, die Treppe zu putzen. Oder jenes Verbot, das den Bewohnern untersagte, am Wochenende Wäsche aufzuhängen.

In den Kneipen rundherum schauten die Reviersteiger nach, wer abends über die Stränge schlug. Und dennoch: Die Leute waren ebenso zufrieden wie die Zechenbetreiber. Es gab ausreichend Arbeit und Lohn. Bei uns galt die einfache Devise: »Wes' Brot ich ess, des' Lied ich sing.«

Weiter geht unser Rundgang in die sogenannte Steigerstraße. Dort sind wir hingezogen, als ich sechs Jahre alt wurde. Unten rechts, wo der Balkon inzwischen zugewachsen ist, lag unser neues Heim: Dreistöckige Mietshäuser, umsäumt von

Wiesen und Bäumen, reihen sich aneinander. Ein großer Block, schmuck hergerichtet, eine Insel der Glückseligkeit. Hier lebten nur Steiger mit ihren Familien. Es war ein Ort der Privilegierten, ein Ort, der sich auch durch den gehobenen Wohnkomfort von 85 Quadratmetern von den Quartieren der einfachen Bergleute absetzte.

Alle Bewohner kannten sich. Alle fühlten sich als etwas Besseres. Viele dachten, dass sie wer weiß was darstellen würden. Etliche Familien entwickelten einen erkennbaren Standesdünkel gegenüber der normalen Belegschaft. Hier hieß es »Frau Reviersteiger« oder »Frau Steiger«. Die Frauen definierten sich über den Rang ihrer Männer, als wären ihre Gatten Offiziere beim Militär.

Diese soziale Hierarchie setzte sich auch bei uns Kindern fort. Auf dem großen Spiel- und Bolzplatz hinten im Rondell wetteiferten wir mit den Kindern aus den Nachbarstraßen, die aus den einfachen Bergmannsfamilien stammten. Oft genug ging es da richtig zur Sache, die Blutgrätsche muss hier erfunden worden sein. Wer wollte schon gerne gegen die Nachkommen der »kleinen Leute« verlieren? Wer oder was waren die schon? Austauschbare, unwichtige Arbeiter, die unter Tage von unseren Vätern herumkommandiert wurden. Zumindest glaubten wir das damals.

Doch der Bolzplatz kannte seine eigenen Gesetze. Meist traten die Gegner in Überzahl an und brachten uns oft genug schmerzliche Niederlagen bei. Freundschaften entstanden nur selten, die sozialen Unterschiede unter als auch über Tage verhinderten, dass die Sprösslinge der Zechenoberschicht mit den Söhnen einfacher Malocher fraternisierten. Lieber bekämpfte man sich – und wenn es nur beim Fußball war, der oft genug mit Prügeleien endete.

Eine weitere Besonderheit beziehungsweise Kungelei jener Zeit betrifft die Vergabe der Zechenwohnungen. Jeder Betrieb unterhielt einen Wohnungsausschuss: Darin saßen sechs Betriebsräte nebst sechs Wohnungsverwaltern. Als Nummer 13 und entscheidende Stimme fungierte der Personaldirektor der Kohlegrube. Ich erzähle die Geschichte deshalb, weil sie bis heute viel über mein Tun und Handeln aussagt.

Eines Tages zog aus einem Haus der Siedlung ein Fahrsteiger aus. Bis dato lebten hier nur deutsche leitende Angestellte der Zechen. Anfang der 70er-Jahre aber bewarb sich ein türkischer Steiger um das Domizil. Die Frauen der anderen Bewohner sprachen sich dagegen aus. »Wir suchen uns unsere Nachbarn selber aus«, hieß es. Mein Vater bekam das Geschwätz mit und unterband als zuständiger Personaldirektor den Klüngel. Fortan wohnte hier in der noblen Siedlung der erste Türke, weil mein Vater etwas gegen die rassistischen Vorbehalte auf der Zeche hatte.

Vielleicht rührt daher auch mein ausgeprägter Gerechtigkeitssinn. Ich kann es nicht haben, wenn jemand aus fadenscheinigen Gründen abgesägt wird – ganz gleich welcher Herkunft er auch ist. Ich spreche da immer von »Gerechtigkeitsdingern«, die unsere Gesellschaft in der Balance halten. Fallen sie weg, so schwindet das Vertrauen untereinander. Unwillkürlich beginnt dann die Neiddebatte, die quer durch die Schichten polarisiert.

Ein paar Kurven weiter nähern wir uns auf unserem Rundgang einem Platz, an dem damals eines von sechs Kinos im

Viertel stand. In meinen ersten Filmen ritten Winnetou alias Pierre Brice und Old Shatterhand, gespielt vom US-amerikanischen Mimen Lex Barker, durch die Prärie auf der Suche nach dem Schatz im Silbersee oder im Kampf gegen den Oberschurken Santer (Mario Adorf). Mir war es egal, dass die Filme nicht in der Hügellandschaft Arizonas, sondern im heutigen Kroatien gedreht wurden. Es war wie ein träumerischer Ausritt auf den Spuren der Apachen. Man kann nicht sagen, dass ich eine Leseratte gewesen wäre, aber Karl-May-Romane habe ich verschlungen.

Ansonsten hielt es mich nicht zu Hause. Ich musste hinaus, raus zu meinen Kameraden in die Hohendahlstraße einen halben Kilometer entfernt. Es ging ab in die Turnhalle an der benachbarten Schule, wo ich zehn Jahre lang Tischtennis gespielt habe. Gegenüber lag die Siedlung, scherzhaft »Schloss Hohendahl« genannt wegen ihrer Rundbögen über den Eingängen zu den Arbeiterwohnungen. In der Mitte des Karrees befindet sich auch heute noch der Spielplatz, an dem wir uns immer getroffen haben. Hier wohnten meine ganzen Kumpels.

Mein Vater schimpfte immer mal wieder über den »schlechten Umgang«, mit dem ich meine Zeit verbrachte. Anders als andere Steigerkinder hing ich mit Jungs aus Arbeiterfamilien ab. Mit denen kam ich zurecht, diese Tunichtgute entsprachen irgendwie meiner Kragenweite.

Meine Eltern missbilligten meine Freundschaft mit den Arbeiterjungen. Schließlich kannte mein Vater deren Väter aus dem Betrieb. Manche muckten auf gegen die Vorgesetzten, andere wiederum waren eher als faul verschrien. Wahrlich nicht alle von ihnen verfügten aufm Pütt über den besten Ruf.

In dem Hohendahler Karree lebten die Henkelmänner und die Pawlowskis. Alles Freunde von mir, auch wenn sie eigentlich nicht in meiner sozialen Liga spielten. Zu Hause setzte es deshalb abends häufig kritische Nachfragen: »Wieso treibst du dich denn mit denen herum? Was hast du da für 'nen Umgang? Du weißt doch, diese Leute sind nicht gut für dich.«

Ich habe meist mit den Schultern gezuckt und die Standpauken über mich ergehen lassen. »Nicht gut für mich, so ein Quatsch«, brummelte ich mitunter leise in mich hinein. »Na, ja, lass den Alten mal reden.« Tags darauf saß ich nach der Schule wieder bei meinen Kumpels.

Dabei hatten meine Erzeuger ja nicht ganz unrecht mit ihren Worten: Wir haben nicht nur allerlei Unfug als pubertierende Teenager veranstaltet. Hier habe ich auch das Saufen gelernt. Aber all die Ermahnungen, Standpauken oder Bitten meiner Eltern perlten an mir ab. Es scheint zu meiner Natur zu gehören, meinen eigenen Dickkopf durchzusetzen.

In meiner Clique war ich der Jüngste, meine Freunde waren zwei bis drei Jahre älter. Und doch trieb ich mich lieber mit ihnen herum als mit den Jungs aus den Steigerfamilien. Bei meinen Kumpels war einfach mehr los. Zwischen uns herrschte eine unverbrüchliche Kameradschaft abseits aller Standesunterschiede unserer Väter auf der Zeche.

Noch heute steht da neben dem Schuleingang gegenüber der Siedlung eine Trinkbude. Früher hatte der Kiosk immer geöffnet, denn die Kumpels arbeiteten tags wie nachts. Und wenn die Arbeiter um drei Uhr morgens nach Hause kamen, tranken die hier ihre Pulle Bier, ehe sie ins Bett fielen.

Kurz hinter der Hohendahl-Siedlung zerschneidet die Autobahn A 40 das ganze Viertel. Ehemals Ruhrschnellweg genannt, zieht sich das Straßenband zwischen den großen Revierstädten auf 108 Kilometer durch die große Montanregion. Den Ausbau der im Volksmund auch als »Ruhrschleichweg« verulkten Magistrale betrieben Bund und Land seit Mitte der 50er- bis in die späten 70er-Jahre.

Wie in vielen anderen Städten auch zertrennte die spätere Autobahn ganze Straßen, Quartiere oder Stadtteile. Altenessen machte da keine Ausnahme. Als hätte man ein Messer angesetzt, um einen zusammenhängenden Corpus zu zerteilen.

Die Reise zurück in meine Jugend führt schließlich ins nahe gelegene Gelsenkirchen. Eigentlich fällt der Wechsel über die Stadtgrenze gar nicht auf. Drei Kilometer von meinem alten Quartier entfernt steht ein großes Haus nebst beträchtlichem Vorgarten und einem Zaun, der das Areal abschließt. Wer dort wohnte, hatte es geschafft: In diesem Anwesen der Zeche Nordstern lebte der Personal- und Sozialdirektor.

Als ich gerade 15 Jahre alt war, zogen wir hier ein. Mein Vater gehörte nun zum elitären Kreis der Betriebsleitung. Noch heute zähle ich die Fenster des längst stillgelegten Bergwerks: Über sieben Fenster erstreckte sich allein sein Büro in jenem braunen Backsteingebäude der Zechenführung. Ein riesiges Arbeitszimmer von fürstlichen Ausmaßen. Klar war ich stolz auf meinen Vater. Auch wenn es mir herzlich egal war, wenn er wieder einmal mahnte: »Jung, denk dran, benimm dich, das ganze Viertel schaut darauf, wie sich die Söhne des Arbeitsdirektors aufführen.« Solche Appelle beachtete ich allerdings kaum. Ich bin schon früh eigene Wege gegangen.

Folglich trieb ich mich auch weiterhin gegen den Willen »vom Vatter« mit meinen Freunden aus der einfachen Arbeiterklasse herum. Erst fuhr ich die drei Kilometer zur Hohendahlstraße mit dem Rad. Bald aber bekam ich ein Moped, ein Kleinkraftrad von Kreidler. Das war ein Mordsteil, 120 Kilometer schnell, damals das Nonplusultra auf dem Markt und nicht gerade billig. Meine Eltern konnten sich allerdings auch schon einiges erlauben. Schließlich gehörten wir zur Zechenelite, auch wenn mir dies seinerzeit nie so bewusst war wie heute im Rückblick.

Als Einziger aus der Clique besuchte der Jörg natürlich auch das Gymnasium. Ich war ja ein Steigerkind. »Das gehört sich so«, hieß es immer. Töchter und Söhne aus den Familien der Grubenoberschicht gingen auf die höhere Schule. Ein weiterer Schritt, um sich vom normalen Bergmann abzugrenzen.

»Ihr sollt es mal zu etwas anderem bringen, als unter Tage arbeiten zu müssen«, betonte mein Vater häufig. Seine sorgenvolle Miene sprach Bände.

Wir befinden uns in der zweiten Hälfte der 60er-Jahre, das Zechensterben hatte längst eingesetzt. Die Arbeiter gingen auf die Straße. Unsere Eltern bedrückte zusehends die Sorge um die Zukunft ihrer Kinder.

Nicht nur Standesdünkel steckte dahinter, dass die Sprösslinge aus den Steigerfamilien das Abitur machen sollten. Es war eine der wenigen Chancen, aus dem Kohlenpott herauszukommen, es nach oben zu schaffen, zu studieren und einen anderen lukrativen Berufsweg einzuschlagen.

Ein Scheitern wurde nicht akzeptiert. Schließlich sollten wir Steiger- oder Direktorenkinder etwas darstellen. Durchfallen führte nur zu Gerede im Viertel, und allgemeiner Spott war der betroffenen Familie sicher. Vor allen Dingen wenn man schon bei der Aufnahmeprüfung zum Gymnasium versagte. »Guck mal, der Sohn vom Steiger hat den Test nicht geschafft.« Wochenlange Häme folgte, gepaart mit enttäuschten Kommentaren der eigenen Eltern, die sich für ihre Tochter oder ihren Sohn schämten.

Ich habe den Test zwar bestanden, bin aber trotzdem beim Bergbau gelandet. Dafür gab es gleich mehrere Gründe: Zum einen ließen meine Schulleistungen zu wünschen übrig. Sehr zum Verdruss meiner Eltern musste ich die achte Klasse im altehrwürdigen Leibniz-Gymnasium in Altenessen wiederholen.

Zudem war ich stinkfaul. Außerdem bereiteten mir Fremdsprachen immense Probleme, und zu allem Überfluss gab ich auch noch den Schulrebellen, der sich nur schwer anpassen konnte – in der Penne genauso wie daheim.

Die typischen Sprüche meiner Eltern verstärkten noch meinen Widerwillen gegen alle Ordnung: »Wir wollen, dass es dir mal später besser geht«, hieß es dann immer.

Meine Antwort lautete dann stets: »Können ja nicht alle Direktor werden so wie du, Vatter. Da müssen auch noch welche arbeiten gehen.«

Gewiss eine typische Trotzreaktion eines pubertären Jugendlichen, aber auch bezeichnend für meinen Eigensinn, mein Aufbegehren gegen alles Althergebrachte. Meine Renitenz rührte auch daher, dass ich die ewige Leier zu Hause nicht gut ertragen konnte.

Nicht dass meine Eltern streng gewesen wären. Nie gab's Schläge oder so etwas. Stubenarrest oder Taschengeldentzug waren das höchste der Gefühle. Aber Vater und Mutter beharrten immer darauf, dass ich die Schule fertig machen sollte.

Für meine Familie kam es einer Katastrophe gleich, als ich sitzen blieb. Ausgerechnet der jüngere Sohn vom Personaldirektor der Zeche Nordstern schaffte die achte Klasse nicht.

»Die Siedlung zerreißt sich das Maul«, jammerte seinerzeit meine Mutter. Asche auf mein Haupt. Aber es sollte noch schlimmer kommen.

In der Untertertia avancierte ich zum Klassensprecher, der häufiger als Querulant auftrat, als es ihm guttat. Ein ums andere Mal legte ich mich mit unserem Klassenlehrer an. Der Mann war noch von der alten Art, brüllte mitunter herum und machte Schüler in unerträglicher Manier vor der versammelten Klasse nieder.

Da war der Philipp, ein Klassenkamerad, der Kleinste bei uns. Den Jungen stauchte unser Klassenlehrer während einer Unterrichtsstunde richtig zusammen. Er hat ihn so widerlich heruntergeputzt, dass ich als Klassensprecher dazwischenging. Ich konnte nicht anders, konnte einfach nicht zusehen, wie dieser Junge unter den verbalen Schlägen wie ein Häuflein Elend in sich zusammensackte. Einen Schüler so fertigzumachen verstieß einfach gegen mein Gerechtigkeitsgefühl. Es war völlig unter aller Kanone, was dieser sogenannte Pädagoge veranstaltete. Ein Wort gab das andere, dann packte ich den Mann am Hals. Abrupt endete seine Tirade.

Für mich endete aber auch meine Zeit auf dem Leibniz-Gymnasium. Noch heute gruselt es mich, wenn ich an dem grauen, düsteren Kasten vorbeifahre. Nach wie vor bildet die Lehrstätte den Akademikernachwuchs in Altenessen aus. Für mich aber war das damals nichts, ich konnte mich einfach nicht anpassen.

Also stellte sich die Frage nach dem weiteren Werdegang.

»Wat nu?«, brummte mein Vater unwirsch. »Wat willste nu machen? Irgendwat musse arbeiten, hier herumsitzen und nix tun kommt nicht infrage.«

Auf Anraten des damaligen Gelsenkirchener Oberstadtdirektors und Schuldezernenten, der meinen Vater gut kannte, begann ich eine Lehre als Elektriker auf der Zeche. Zugleich ging ich aber auch auf die Abendrealschule, um meine Fachhochschulreife zu bekommen. Eine vermeidbare Ehrenrunde. Ich habe zwei Jahre dafür gebüßt, dass ich dem Klassenlehrer zu nahe gekommen bin. Bereut habe ich es allerdings nie. Bis heute bin ich der Meinung: »Jörg, du hast alles richtig gemacht.«

Kapitel 2

Die letzte Grubenfahrt

Irgendwie wirkte das Ganze etwas surreal: der Landesvater im weißen Overall, das Gesicht rußverschmiert, umringt von zehn Bergleuten. So als hätte Nordrhein-Westfalens Ministerpräsident Armin Laschet (CDU) eine harte Schicht hinter sich gebracht. Es war Herbst 2018, und die letzte Grubenfahrt hinunter auf 1200 Meter Tiefe in der Zeche Prosper Haniel in Bottrop ging soeben zu Ende. Feierabend, Schicht im Schacht. Mit seiner Teilnahme an der letzten Grubenfahrt zollte Laschet der Leistung von vielen Hunderttausend Kumpels Respekt, die all die Jahre unter Tage malocht haben.

»Wir haben den Bergleuten viel zu verdanken, vor allem unser Wirtschaftswunder«, betonte Laschet.

Das Schlussglöckchen der Steinkohleära läutete schließlich Bundespräsident Frank-Walter Steinmeier (SPD) kurz vor Weihnachten 2018. Mit betretener Miene blickte er auf den frisch geförderten Steinkohleklotz, den ihm Reviersteiger Jürgen Jakubeit in die Hand gedrückt hatte. Der Festakt erinnert mich auch heute im Nachhinein noch an eine Beerdigung.

»Das ist ein Tag der Trauer für Sie«, meinte Steinmeier mit Blick auf den sieben Kilogramm schweren Brocken mitfühlend.

Es sei nicht nur ein Stück Kohle, sondern auch ein Stück Geschichte, das er in der Hand halte, erklärte der Bundespräsident.

Landesvater Laschet richtete per Videobotschaft eine Lobeshymne an die Grubenkerle aufm Pütt: »Ein großes Kapitel deutscher Industriegeschichte geht zu Ende«, führte der CDU-Politiker bedeutungsschwer aus. »Gerade hier in Nordrhein-Westfalen haben wir der Steinkohle, dem schwarzen Gold, so viel zu verdanken: Hunderttausende Arbeitsplätze, Wohlstand für viele Familien und eine Energieversorgung, die die Industrie in unserem Land erst so stark gemacht hat«, tat Laschet weiter kund. »Das Zeitalter der Kohle ist eine Erfolgsgeschichte.«

Besser hätte er gesagt: »War eine Erfolgsgeschichte.« Denn das ist es ja nicht mehr. Aus, vorbei, 200 Jahre Bergbau im Ruhrpott passé. Und wie immer in solchen Momenten treten die politischen Sonntagsredner zum Abgesang auf.

Wenn ich die Fernsehbilder Revue passieren lasse, wird es mir schwer ums Herz. Ich bekomme regelrecht »Pipi in die Augen«, wie der Bergmann so schön sagt.

Eigentlich hatte ich ja schon mit dem Bergbau abgeschlossen, als Kanzlerin Angela Merkel vor zwölf Jahren das Ende der Steinkohle für 2018 verkündet hatte. Als es aber dann doch so weit war, beschlich mich tiefe Wehmut.

Fünfzig Jahre hatte der Bergbau mein Leben bestimmt, all die Zeit, die Mühen, die Arbeit, das Denken rund um Koks, Kohle, Geld, Verdienst, ein gutes Auskommen, eine unbeschwerte Zukunft. Die Gleichung taugte nun nicht mehr.

Das Miteinander, das Füreinander, alles war Geschichte. Früher radelten wir morgens zusammen zur Schicht, ackerten acht Stunden lang und saßen in der Kaue oder in der Kneipe noch zusammen beim Bier. Diese Augenblicke vereinten, machten uns stark, hielten zusammen. Wir waren Kumpels, man kannte sich, man half sich da unten wie auch oben. Alleine warst du nichts, einzig in der Kolonne, im Team, warst du alles. Schließlich schuftete man im Akkord. Wer Hilfe brauchte, dem wurde unter wie über Tage geholfen. Da gab es kein schiefes Gesicht oder ein Nein. Die Leute hielten zusammen, hielten Wort, arbeiteten, redeten und feierten zusammen. Im Revier herrschte in der Hochphase des Kohleabbaus ein Gemeinschaftsgefühl. Wir waren wir. Kumpels halt.

Durch den schleichenden Niedergang der Zechen aber veränderten sich auch die Viertel. Ich erinnere mich noch gut daran, wie die Quartiere rund um die stillgelegten Bergwerke allmählich verödeten. Geschäftsinhaber wie Bäcker, Metzger, Friseure oder Modeläden gingen pleite. Es gab keine Märkte mehr, keine Handwerker. Mit dem steten Personalabbau zogen die Bergleute fort, um anderswo neue Jobs zu suchen, und mit ihnen verschwanden auch all jene, die von den Kumpels lebten.

Bald zog eine andere Klientel in die einstigen Bergbausiedlungen ein. Unter den neuen Bewohnern aber gab es nicht den Zusammenhalt, der früher unter den Püttrologen üblich war. Kein gemeinsames Bier mehr nach Feierabend. Kein: »Wat macht deine Familie?« Kein: »Na Kumpel, dann wollen wir mal, woll?« Die Malocher verschwanden aus den Minen, verschwanden aus dem Stadtbild – und mit ihnen das Gemeinschaftsgefühl. Echte Freunde sind in den ehemaligen Arbeitervierteln selten geworden, heute gibt es nur noch Bekannte.

In meiner Nachbarschaft kenne ich viele Menschen nicht mehr. Sie grüßen auch nicht. Umgangsformen, die einst selbstverständlich waren, scheinen in Vergessenheit geraten zu sein. »Darf ich Ihnen helfen?« Oder: »Nach Ihnen.« Einen »Guten Tag« zu wünschen oder einfach nur an der Bahnhaltestelle die Leute erst einmal aussteigen zu lassen ist inzwischen sehr selten geworden.

Die Menschen schauen heutzutage viel mehr auf sich selbst; ihr kleines Lebensbiotop steht im Mittelpunkt und soll wachsen. Ob gleich daneben eine Pflanze eingeht, ist ihnen egal. Zaun hoch, Dach drüber, fertig ist die eigene Laube, die Außenstehende fernhält.

Kita, Schule, Uni, Job, Rente. Klima, Ernährung, Gesundheit, Energiewende, Infrastruktur, Sicherheit. In all diesen Bereichen ist der Staat schließlich dazu da, das Leben zu erleichtern, nicht umgekehrt. Dafür zahlt unsereins ja Steuern. Fordern statt geben lautet die weitverbreitete Devise. Und: »Lass mich nur ja in Ruhe!«

Individualisierung heißt das Zauberwort. Ich würde diesen Missstand Entfremdung nennen. Die Leute schauen heutzutage mehr auf ihr Handy, als dass sie dir in die Augen blicken, um zu plauschen.

Ein Bekannter hat mir neulich von seiner Tochter erzählt. Die beiden wollten von Düsseldorf nach Mallorca fliegen, als das Mädchen ihn anstupste. »Hey Papa, da unten steht Anton aus meiner Klasse, ist der süüüß«, seufzte die Kleine. Der Vater spornte sie an, doch herunterzulaufen und ihren Schwarm zu begrüßen. »Nee, nee«, winkte seine Tochter stirnrunzelnd ab, »ich schreib ihm lieber auf Facebook.«

Willkommen in der digitalen Moderne. Mitunter erinnert mich dieser Zustand an einen konzertierten Autismus. Wir reden nicht mehr miteinander, sondern surfen im Netz aneinander vorbei. Kommunikation als Mangelware. Nachbar? Scheiß drauf, was der macht. Hauptsache ich habe meine Ruhe. Der Städter, ursprünglich ein Rudelwesen, mutiert zum Einzeltier, das sich in seiner stillen Kammer einigelt und am PC oder Handy herumdaddelt. Baller-Spiele oder das Switchen zwischen vielen verschiedenen Chats in den sogenannten sozialen Medien. Der Suchtfaktor des 21. Jahrhunderts breitet sich unentwegt aus, und kaum einen stört's.

Dabei weiß kaum einer, ob die digitale Arbeitswelt, die große Verheißung der postindustriellen Gesellschaft, nicht noch zum großen Jobfresser mutieren wird. Viele Menschen fürchten, dass Computer und Roboter ihre Jobs irgendwann überflüssig machen werden.

Das Handelsblatt hat am 26. April 2018 über eine Studie der Organisation für Wirtschaftliche Zusammenarbeit und Entwicklung (OECD) berichtet. Die Analyse mit dem Titel »Putting faces to jobs at risk of automation« legt nahe, dass diese Sorge durchaus begründet ist: Etwa die Hälfte aller Arbeitsplätze der 32 Staaten, die an der Untersuchung teilgenommen haben, droht durch Algorithmen und Maschinen ganz oder teilweise ersetzt zu werden, heißt es in dem Arbeitspapier zur Studie.

Das Risiko des Jobverlusts hängt dabei sowohl von der Branche als auch vom Standort ab. Etwa 14 Prozent der untersuchten Jobs werden als »hoch automatisierbar« eingestuft. Heißt im Klartext: Die Wahrscheinlichkeit, dass die Arbeit in Zukunft von Maschinen oder Programmen übernommen wird, liegt bei mehr als 70 Prozent. OECD-weit droht demnach über 66 Millionen Arbeitnehmern der Jobverlust. Bei gut einem weiteren Drittel der Jobs verändern Automatisierung und Digitalisierung bis zu 70 Prozent des Arbeitsablaufs. Dort fallen laut Studie viele Aufgaben weg. Einem Bericht der *Westfälischen Nachrichten* vom 18. Februar 2018 zufolge sieht sich demnach jeder vierte sozialversicherungspflichtige Beschäftigte in Deutschland dem Risiko ausgesetzt, dass seine Arbeit teilweise durch computergesteuerte Maschinen erledigt wird.

Auf Nordrhein-Westfalen und das Ruhrgebiet heruntergebrochen, würde es bedeuten, dass ein Viertel der 6,7 Millionen Beschäftigten an Rhein und Ruhr vom Wandel in der Arbeitswelt betroffen sein wird. So zitiert es die *Neue Rhein Zeitung* am 29. Oktober 2018 aus einer Digitalisierungsanalyse des Instituts für Arbeitsmarkt- und Berufsforschung (IAB). Andererseits, so hoffen die IAB-Experten, würden durch Digitalisierung aber auch neue Arbeitsplätze geschaffen.

Ich persönlich hege meine Zweifel. Automatisierte Arbeitsabläufe zielen im Kern stets darauf, die Zahl der Beschäftigten zu senken. Das war bei uns im Bergbau schon so, als die automatischen Kohlehobel eine Vielzahl von Hauern ersetzten. Das war auch durch die Fertigungsautomaten in der Autoindustrie der Fall. Heutzutage brauchen die Werke viel weniger Monteure, um einen VW, Porsche oder Opel zusammenzubauen. Personal stellt hierzulande einen der größten Kostenfaktoren dar. Kein Wunder, dass die Unternehmen vor allem darauf abstellen, Menschen durch Maschinen zu ersetzen.

Diese menschenverachtende Geisteshaltung findet sich in vielen Lebensbereichen wieder. Die Arbeitswelt 4.0 verändert sich zunehmend, und damit einher gehen auch Veränderungen des Innenlebens in vielen Kommunen.

Klar sind auch online-basierte Geschäftsmodelle zwischen Duisburg, Essen und Dortmund auf dem Vormarsch. Ich zitiere mal aus ruhr-guide.de, der über eine Konferenz zum digitalen Marketing berichtet: »Die Koks Digital soll die Internet-Cracks der Gegend zusammenbringen und zum regen Austausch digitalen Know-hows anstiften. Gerade in der schnelllebigen Online-Welt kann es manchmal schwierig sein, immer über den neuesten Stand Bescheid zu wissen. Da hilft ein Meeting mit Gleichgesinnten und Spezialisten aus verschiedensten Branchen, die im digitalen Marketing tätig sind. Bei der Koks Digital treffen jedoch nicht nur Profis aufeinander, sondern auch viele Newbies, die zunächst nur den kleinen Zeh in den großen Teich der digitalen Möglichkeiten halten wollen. Unternehmen sind genauso anzutreffen wie Kreative und Influencer.«

Koks Digital, soso. Das ist aber auch das Einzige, was an die montane Tradition im Pott erinnert. Mir ist bei der Lektüre vor allem der Begriff »schnelllebige Online-Welt« ins Auge gefallen. Und das ist genau mein Punkt: Alles muss schnell gehen, eilig, hastig, Nachrichten posten, Geschäfte aushandeln, einen Euro machen.

Es gibt einen Song des niederländischen Songwriters Herman van Veen, in dem es heißt: »Schnell weg da, weg da, weg. Mach Platz, sonst gibt's noch Streit. Wir sind spät dran und haben keine Zeit.« Ich will jetzt nicht den sozialromantischen

Gesellschaftskritiker herauskehren, aber van Veen hat recht. Zeit verkümmert in der Ära des Internets zu einer Millisekunde, da bleibt kein Moment, um auch mal innehalten zu können.

Wenn ich mich so auf den Bürgersteigen meiner Heimatstadt umschaue, beschleicht mich das Gefühl, als befänden wir uns allesamt im gestreckten Dauergalopp. Die Finger fliegen über die Handytasten, um die nächste Nachricht abzuschicken, ohne dass der Absender noch auf seine Umgebung achtet und in entgegenkommende Passanten hineinläuft.

Das ist krank. Dabei merke ich ja selbst auch an mir, wie nervös ich werde, wenn ich mein Mobiltelefon nicht auf Tuchfühlung habe.

Früher ging man mit dem Geldbeutel und der Butterbrotdose aus dem Haus zur Arbeit, heute darf das Handy nicht fehlen. Man fragt sich ehrlich gesagt, wie wir früher, als es noch kein Internet, keine Smartphones, Navigationsgeräte und Computer gab, überhaupt überleben konnten?

Mit der Digitalisierung einher geht eine fatale Entwicklung: das Ende der Kumpelromantik. Wir schotten uns immer mehr voneinander ab. Das Schwätzchen an der Ecke wie früher gibt es kaum noch, jetzt macht jeder sein eigenes Ding. Und sollte doch mal kommuniziert werden, dann lieber via SMS, E-Mail oder Facebook.

Dieser Zustand beeinflusst auch zunehmend unser Stadtbild. Es bleibt nicht ohne Folgen, wenn sich keiner für den anderen mehr zuständig fühlt, wenn es niemanden kümmert, wie es um sein Viertel steht, wenn man geflissentlich darüber hinwegsieht, dass ehemals prächtige Einkaufsmeilen wie die

Steeler Straße in Essen oder die City-Meile in Bochum verkommen, wenn wir die wachsenden sozialen Herausforderungen einzig den Stadtoberen überlassen, wenn man zwar gerne 200 Euro zu Weihnachten für UNICEF spendet, um sein soziales Gewissen zu beruhigen, aber die bedürftige Oma um die Ecke alleine lässt. Dann läuft etwas schief in unserer Gesellschaft, in unserer Stadt, in unserem Denken. Das war mal anders.

Um es gleich zu sagen: Ich bin keiner, der die alten Zeiten glorifiziert. Dennoch bin ich der Meinung, dass uns einiges von damals auch heute noch guttäte. Dazu gehören Respekt, Gemeinschaftssinn, Anteilnahme und über den eigenen Tellerrand schauen. Wir müssen wieder zurück zu einem Gefühl der Zusammengehörigkeit und solidarischem Miteinander, zurück zu der Erkenntnis, dass jeder von dem anderen auch ein Stück weit abhängig ist.

Bist du mein Kumpel, bin ich deiner. Andernfalls hätten wir unter Tage nicht eine Stunde lang überleben können. Dieses Wir-Gefühl fehlt mir heute. Die Wurzeln, die sich um die Förderung des schwarzen Goldes rankten, sind uns verloren gegangen. Den Kumpel im wahrsten Sinne des Wortes, den gibt es heute nicht mehr.

Vielleicht trauere ich auch deshalb dem Ende einer Epoche nach, die über viele Jahre mein Leben geprägt hat. Heute noch geht mir das Lied nicht aus dem Kopf: Die Bergmannskapelle hebt nach meinem Taktstock zum Dreiviertelwalzer an, und ich stimme die Hommage an die alte große Zeche meines Vaters an: »An Nordsterns Mauern bin ich gebooooren. An Nordsterns Mauern bin ich zu Haus.«

Was haben wir nicht gesungen, damals in den Kaschemmen in Gelsenkirchen-Horst – vor allen Dingen den Nordstern-Walzer. Zechenromantik pur in einer Phase, als ich die Pubertät langsam hinter mir ließ und am Ende der Lehre zum Elektroanlageninstallateur unter Tage stand.

Abends nach der Schicht trieb ich mich an verrufenen Ecken herum – so etwa auch in der Hafenstube. Der Name stammt vom Zechenhafen, der hinter dem Gebäudezug lag. Den Laden besuchten nur Gangster. Und wenn der Sohn vom Betriebsdirektor in dem Schuppen zechte, wusste der Vater bereits am nächsten Tag, was sich zugetragen hatte. Weil auf der Zeche wieder irgendeiner geplappert hatte.

»Warste wieder mit den Kneip-Jungs auffe Tour?«, grummelte mein Vater dann abends beim Essen.

Klar war ich das. Der August Kneip hatte einen Arm im Krieg verloren, er war Vorarbeiter auf dem Grubenholzplatz der Zeche. Mit dem ihm verbliebenen Arm hat er ganz Gelsenkirchen-Horst verhauen. Und seine Söhne waren nicht anders. Peter, genannt Pitzek Kneip, zählte zu meinen besten Freunden.

Gelsenkirchen-Horst verfügte in den 70er-Jahren über die größte Kneipendichte in ganz Deutschland. Und der junge Sartor mittendrin. Es gab viele Räuberhöhlen, und wenn die alten Kumpels zusammen an der Theke standen, dann ging es los mit dem Nordstern-Walzer.

Als mein Alter von meinen Ausschweifungen hörte, war natürlich »Spaß« in der Bude. Auch meine Mutter regte sich auf: »Dat kannste doch nich machen, wie sieht dat denn aus, dat wird doch überall auf der Zeche erzählt, wie steht denn dein Vater da?«

Das Viertel rund um die Zeche Nordstern war wie ein Dorf. Wenn der Sohn vom Betriebsdirektor mit gerade mal 18 Jahren nachts um vier aus der Kneipe kam, sorgte dies für Gesprächsstoff im gesamten Quartier. Zumal Nordsterns Führungskräfte sich eher als elitäre Klasse verstanden, weitab vom gemeinen Malocher. Im Gegensatz zu anderen Gruben, in denen die Gewerkschaften alleine herrschten, hatte hier der Ring deutscher Bergingenieure (RDB) das Sagen. Das Gegenstück zur IG Bergbau veranstaltete einmal jährlich ein großes Fest, bei dem die Töchter und Söhne aus der Werksoberschicht miteinander verkuppelt wurden. Zum Glück blieb mir dieses Los erspart, weil mein Vater als strammer Gewerkschafter und Sozialdemokrat dort nie hingegangen ist.

»An Nordsterns Mauern bin ich geboren.« Keine Beatles, keine Rolling Stones oder Flower-Power, wir haben damals das alte Bergmannslied krakeelt, wenn Mitternacht längst vorbei war. So als wollte man trotz allem dem heraufziehenden Sturm am Horizont trotzen. Denn Nordsterns Mauern hielten schon längst nicht mehr all die Fährnisse und Unwägbarkeiten von uns Kumpels ab.

Vorbei war die Malocherromantik der 50er-Jahre. Der Motor des Wirtschaftswunders, Kohle und Stahl im Revier, geriet ins Stottern. Den sicher geglaubten Job aufm Pütt gab es längst nicht mehr. Die grenzenlose Zuversicht wich einem nagenden Gefühl der Unsicherheit. Plötzlich stellten sich bei uns Zukunftsängste ein. Die Furcht vor dem Arbeitsplatzverlust schwang stetig mit, wenn wir am Abendbrottisch beisammensaßen.

Ich war noch ein Teenager, als das große Zechensterben begann. Die Eigner fuhren den Bergbau massiv herunter. Steinkohle »Made in Germany« lohnte sich nicht mehr, war zu teuer im Vergleich zu den Billigimporten aus Übersee. Obschon von besserer Qualität konnte der deutsche Premiumrohstoff nicht mit den Abbaukosten in den USA oder Südamerika mithalten. Es ist eben viel teurer, die Kohle aus 1000 Meter Tiefe zu fördern, als sie im Tagebau zu erwirtschaften.

»Dein Grubengold hat uns wieder hochgeholt«, sang Herbert Grönemeyer in seiner Hommage an seine einstige Heimatstadt Bochum. Der Malocher im Pütt galt einst als Inbegriff des industriellen Wiederaufbaus nach Kriegsende. Jährlich 150 Millionen geförderte Tonnen deckten zwei Drittel des deutschen Energieverbrauchs. In der Hochphase des Steinkohlenbergbaus, in den 1950er-Jahren, zählte der Industriezweig gut 600.000 Beschäftigte, eine halbe Million von ihnen schaffte an der Ruhr.

Anfang der 60er-Jahre setzte der schleichende Niedergang ein. Neben den Billigimporten aus dem Ausland überschwemmten neue Energielieferanten wie Erdöl und Gas den Markt. Zudem verdrängten Atomkraftwerke die alten Kohlemeiler. Die ersten Zechen schlossen, die ersten Arbeitskämpfe begannen.

Anfang der 60er-Jahre gingen die Leute bei uns im Pott auf die Straße. Nicht nur zu traditionellen Anlässen wie dem 1. Mai, dem Tag der Arbeit. Die Menschen waren sauer, fühlten sich allein gelassen von den Betreibern genauso wie von den Regierenden in der damaligen Bundeshauptstadt Bonn. Wenn es nach denen gegangen wäre, hätte es ein schnelles Ende für das Revier gegeben. Kurz und schmerzlos.

Die Landespolitik, seit den 60er-Jahren dominiert durch die SPD, dachte wohlweislich anders. Niemand wusste besser, was es bedeutete, wenn zwischen Duisburg und Dortmund die Lichter ausgehen würden, schließlich standen auch bei den Stahlerzeugern die Zeichen auf Krise. In der Herzkammer der Sozialdemokratie drohte der jobmäßige Super-GAU. Hunderttausende Arbeitsplätze standen auf der Kippe, der größte Ballungsraum Deutschlands sackte langsam ab vom Reichen- zum Armenhaus der Nation.

Natürlich war mein Vater als Gewerkschafter und SPD-Lokalpolitiker mittenmang dabei, wenn es auf die Straße ging. Er wusste nur zu gut, die bedrohlichen Zeichen der Zeit zu deuten. Mitte der 50er-Jahre war er mit unserer Familie aus dem Siegerland in den Pott gekommen, weil in seiner Heimat der Erzbergbau bereits den Bach runterging.

Hautnah habe ich mitbekommen, wie mein Vater Mitte der 60er-Jahre um den Erhalt der Arbeitsplätze kämpfte. Er war ständig unterwegs, auf Großdemos, Streiks, in Betriebsratsrunden, bei Verhandlungen mit den Arbeitgebern oder mit Politikern. Er wusste, was die Uhr geschlagen hatte: Wenn man keine Lösung fand, würde es in wenigen Jahren keinen Bergmann im Revier mehr geben. Konzerne wie Hoesch, Stinnes, Thyssen, Krupp, Haniel und Mannesmann machten so gut wie von heute auf morgen Gruben dicht. Die Schließungen erfolgten mitunter äußerst überraschend für die Belegschaft.

Die schlechten Nachrichten häuften sich. »Wilhelmine machen sie nu auch zu«, erzählte mein Vater mit düsterer Miene zu Hause. Auf solche Hiobsbotschaften reagierte meine Mutter äußerst nervös. »Und wie soll dat nu weitergehen?«, fragte sie dann oft. Mehr als ihren Mann trieben sie Existenzängste um. Meine Eltern hatten jung geheiratet, waren dann aus dem Siegerland ins Ruhrgebiet gezogen. Die Möbel, all das teure Interieur, hatten sie auf Pump gekauft. Auf Kabischke haben wir immer gesagt. Kommt aus dem Polnischen. Wer die Zuwanderergeschichte an der Ruhr kennt, weiß, dass wir Bergleute viele Ausdrücke von den polnischen Migranten übernommen haben.

Meine Eltern waren immer so stolz auf ihre hochwertige Einrichtung. Mit Beginn der Zechenkrise wuchs die Furcht vor dem beruflichen Aus. »Und was ist, wenn die deinen Laden auch zumachen?«, haderte meine Mutter mit dem Schicksal und schaute meinen Vater beinahe schon strafend an. »Müssen wir dann zurück ins Siegerland? Wie sollen wir dat denn machen? Wie sollen wir denn dat alles noch bezahlen? Wir haben doch die vielen Schulden.«

Sie schien gar nicht mehr aufhören zu wollen. Mein Vater seufzte, druckste verlegen herum, versuchte sie zu beschwichtigen: »Du brauchst keine Angst zu haben, wird schon gut gehen.« Wird schon gut gehen. Tja, trotz aller Skepsis war mein Vater stets ein Optimist.

Wir haben damals viel geredet, die Dinge unentwegt hin und her gewendet. Mein Vater war in jenen Tagen allerdings wenig zu Hause anzutreffen, beratschlagte im Betriebsrat die nächsten Schritte, warb daneben im SPD-Ortsverein und in der Gelsenkirchener Bezirksvertretung für eine einheitliche Linie, traf sich mit einflussreichen Gewerkschaftern und Politikern.

Mein Vater war durch und durch Genosse. So wie die SPD jahrzehntelang das Ruhrgebiet beherrschte, so rieb sich mein Alter für die Sozen auf. Die SPD war die SPD, es gab nichts anderes in Bochum, Oberhausen, Mülheim oder Gelsenkirchen. In Arbeitervierteln wie Altenessen holten die Genossen sichere Mehrheiten von 60 Prozent der Stimmen. Alle wählten seinerzeit SPD. Und wer was werden wollte aufm Pütt, tat gut daran, sich mit den Sozialdemokraten gut zu stellen.

Und so diente Vaters Mitwirken im Betriebsrat, in der Gewerkschaft und der Partei nicht allein dem Kampf für die Kumpels, sondern trug auch ganz eindeutig Züge von Eigennutz. Klar war er sozial eingestellt, setzte sich für die Belegschaft ein, aber eben auch für die eigene Jacke. Mein Vater engagierte sich enorm für das Überleben der Kohleminen. Er wollte sich nicht einfach mit dem Untergang der Montanindustrie abfinden. Sartor senior war ein Bollerkopp wie der Junior. Nichts erschien ihm schlimmer, als Ungerechtigkeiten zu dulden. Ein wichtiger Charakterzug, den ich bis heute mit ihm teile.

Ende der 60er-Jahre zeichnete sich eine Lösung in der Kohlenkrise ab. Bund und Land initiierten erste Staatshilfen für unrentable Bergwerke. Um das Revier zu befrieden, wurde am 27. November 1968 in Essen die Ruhrkohle AG als Auffanggesellschaft für den Not leidenden Bergbau gegründet. Der neue Konzern hatte die Aufgabe, die Förderung sozialverträglich zu beenden und die Zechen mittelfristig zu schließen. Auf Initiative der Politik in Bund und Land brachten Stahl- und Stromerzeuger insgesamt 25 Gruben in die Ruhrkohle AG ein.

Am 27. November 2018 brachte der Deutschlandfunk eine sehr aufschlussreiche Analyse zu dem Thema mit dem Titel

»Ruhrkohle AG vor 50 Jahren gegründet – Kartell der Leidgeplagten und der Schwachen«. In dem Feature beschreibt der Ökonom Manuel Frondel vom Rheinisch-Westfälischen Institut für Wirtschaftsforschung in Essen die Ruhrkohle AG als »ein Kartell ähnlich wie im Ölsektor die OPEC. Allerdings war das kein Kartell der Starken, sondern ein Kartell der Leidgeplagten und der Schwachen und insofern mit relativ wenig Marktmacht ausgestattet.«

Die Pläne sahen ursprünglich vor, den Abbau der Steinkohle binnen zwanzig Jahren sozialverträglich abzuwickeln. Für uns Püttrologen bedeutete die Gründung der Ruhrkohle AG die Rettung. Für die nahe Zukunft mussten wir nicht um unsere Arbeitsplätze fürchten.

Die Industrie wurde verpflichtet, weiterhin die teure, deutsche Kohle zu nutzen. Die Differenz zwischen realen Förderkosten und Weltmarktpreis zahlte der Staat an die Stahlindustrie als sogenannte Kokskohlenbeihilfe. Die Energiekonzerne gaben die Kosten an die Kunden weiter. 1994 kippte das Bundesverfassungsgericht den besagten »Kohlepfennig« als verfassungswidrige Subvention.

Erneut sprangen die Regierenden ein. Fortan alimentierten die öffentlichen Haushalte in Bund und Land den Kohlebergbau. Insofern profitierten gleich zwei Parteien vom staatlichen Tropf: neben den Bergbauarbeitern zunächst einmal vor allen Dingen die Besitzer der unrentablen Zechen. Für sie war es ein äußerst lukratives Geschäft, ihre defizitären Gruben in die staatliche Auffanggesellschaft namens Ruhrkohle AG einzubringen. Alteigner wie Hoesch, Krupp, Haniel oder Mannesmann zählten zu den Hauptgewinnern.

Zumal auch noch das werthaltige Immobilienportfolio anfangs im Besitz der Konzerne verblieb, ehe die Unternehmen die Siedlungen an die neue Zechengesellschaft weiterverkauften.

Auch die Ruhrkohle AG, später RAG genannt, profitierte: Mit den Kohleerlösen unterhielt sie Bergmannssiedlungen, baute Kraftwerke und Chemielabore. Heute gilt die RAG als einer der größten Immobilienbesitzer im Land.

Die Milliardensubventionen sorgten für heftige politische Debatten. Bis heute wickelt die RAG-Stiftung die Folgekosten des Bergbaus ab. Schätzungen zufolge belaufen sich die Subventionen inzwischen auf 200 bis 300 Milliarden Euro. Die Wirtschaftshistoriker sind sich hier nicht einig.

»Wenn die Ruhrkohle AG damals nicht gekommen wäre, wäre der Bergbau zwanzig Jahre früher tot gewesen«, konstatierte mein Vater im Rückblick. Er war seinerzeit von Gewerkschaftsseite stark eingebunden in die Gründung der Auffanggesellschaft.

Anfang der 70er-Jahre kam endlich mehr Ruhe rein. Mit Gründung der Ruhrkohle AG wurde vieles planbarer. Es begann der langsame Ausstieg, gesteuert durch ein Unternehmen. Dass die ganze Chose schließlich fast fünfzig Jahre dauern sollte, war zu jener Zeit nicht absehbar.

Mit Gründung der Ruhrkohle AG avancierte mein Vater zum Betriebsdirektor Personal- und Sozialfragen auf der Zeche Nordstern. Das war ein Posten, den es vorher gar nicht gegeben hatte.

Vater spielte nun den sozialen Abwickler. Sein Votum drang bis in den Vorstand eines Bergwerks vor. So wie bei ihm lief es auch in allen anderen Gruben. Überall stiegen führende Betriebsräte zu Betriebsdirektoren auf, was zur Folge hatte, dass die Gewerkschaft fortan ein großes Bein in der Vorstandstür hatte. Die IG Bergbau redete nun bei allen Unternehmensentscheidungen mit. Zwar bestimmte letztlich die Grubenleitung den Personaldirektor, das Vorschlagsrecht aber lag nun aufseiten der Arbeitnehmervertreter. Familie Sartor, das muss ich offen zugeben, profitierte immens von dem subventionierten Kohleausstieg.

Und ebenso natürlich die Gewerkschaften. Montanmitbestimmung lautete das Zauberwort. Auf den Zechen gab es deutlich mehr freigestellte Betriebsräte als in anderen Branchen. Die ersten dreißig Betriebsräte auf der Liste waren freigestellt. Dieses Gremium wählte auch den Betriebsratsvorsitzenden aus den eigenen Reihen. Es ging streng paritätisch zu. Der Vorsitzende stammte meist aus der Arbeitergruppe. Sein Stellvertreter kam aus der Angestelltenriege – so wie mein Vater. Zu jener Zeit war er so gut wie nicht mehr an der Front. Will heißen: unter Tage.

Das schadete ihm aber nicht. Er machte dennoch weiter Karriere: Vitamin B durch die organisierten Arbeitnehmervertreter. Das war eigentlich ein Gewerkschaftssumpf, ein echter Klüngel. Geb' ich dir meins, gibst du mir deins, so das Motto.

Später gab es auch keinen Betriebsratsvorsitzenden, der nicht in der höchsten Lohngruppe eingestuft war. Zusätzlich wurden ihm 25 Schichten im Monat bezahlt, die er gar nicht abgeleistet hatte. Die Herren brauchten auch keinen Stechzettel mehr. Die waren freigestellt, konnten machen, was sie wollten.

Und ich sag mal so: Kaum einer von denen hat sich überarbeitet. Deshalb hatte ich damals einen Riesenzoff mit meinem Alten. Was habe ich über diese Leute geschimpft: »Betriebsräte sind alles Drecksäcke, denken immer nur an sich.«

Das war dann schon zu Zeiten, in denen ich selbst unter Tage malochte. Da habe ich »dieses Volk« erst richtig kennen- und »schätzen« gelernt. Sobald Kollegen in die Kategorie der Freigestellten aufrückten, veränderten sich viele von ihnen schwer zu ihrem Nachteil.

Mein Vater wurde schnell fuchsig ob meiner Vorwürfe: »Wie kannst du so etwas sagen?« Die Kritik traf ihn sichtlich. Da gab es Knatsch, und so gerieten wir Alphatiere schnell aneinander. Ein Wort gab das andere, die Gesichter liefen rot an, die Lautstärke nahm zu. Gebrüll, Trara. »Diese Leute reißen sich für Kollegen wie dich den Arsch auf. Undank ist der Welten Lohn«, brüllte er dann.

Mitunter musste ich echt an mich halten, um das verquaste Gewerkschaftergelaber ertragen zu können. »Diese Typen denken vor allem an eines: an sich selbst«, entgegnete ich wütend. Viele haben damals schon zu mir gesagt: »Du bist genauso wie der Alte, bum, bum, bum, mit dem Kopp durch die Wand.«

Aber mit viel Herz für die Sache dabei. Klar wurde es auch mal laut im Streit, mitunter ging man sich auch mal für ein paar Tage aus dem Weg. Alsbald war der Zorn auch schon wieder verraucht.

Dennoch sehe ich das Thema Betriebsrat bis heute kritisch: Als junger Steiger habe ich Arbeitnehmervertreter erlebt, die sich wahrlich einen schlanken Fuß machten. Da war etwa Willi Müller (Name gändert). Als Betriebsrat machte er einerseits manche Wochenschicht frei. Andererseits stand er als Erster am Wochenende am Korb, um die gut bezahlten und sehr begehrten Sonderschichten mitzunehmen. Und wenn dann einer kam und sagte: »Willi, jetzt nimm uns doch nicht die Schichten weg.« Dann antwortete der: »Han isch auch Familie.« Seitdem hieß er bei uns nur noch »Han isch«.

Zusammenfassend lässt sich sagen, dass viele Kollegen vorwiegend zum Eigennutz im Betriebsrat gearbeitet haben. Ich habe nur wenige erlebt, die sich wirklich einzig für die Belegschaft einsetzten.

Ein Großteil dieser Herren aber wurde von der Betriebsleitung mit Lohnerhöhungen oder einer besseren Wohnung dazu überredet, auch mal gegen die Interessen der Kumpels zu agieren. Manche haben sich vor der Arbeit gedrückt oder ihr Betriebsratsmandat ausgenutzt. Die konnten sich ja selbst freistellen, dann mussten die anderen Kollegen ihre Arbeit eben mitmachen. Soziales Engagement kann auch ins Gegenteil umschlagen.

Der Gerechtigkeit halber muss ich aber auch sagen, dass die Ruhrkohle AG und der langsame Personalabbau ohne den politischen Druck der IG Bergbau nie zustande gekommen wären. Eine glückliche Fügung, denn ich habe wahrlich davon profitiert, dass noch Jahrzehnte ins Land gehen sollten, bis die letzte Zeche ihre Tore schloss.

Kapitel 3

Keine Struktur an der Ruhr

Zeche Nordstern in Gelsenkirchen. Häufig schaue ich dort vorbei, sie gehört ja praktisch zu meiner eigenen Geschichte. Schließlich hat mein Vater hier in leitender Position geschafft. Heute wirkt das gesamte Areal wie herausgeputzt, aufwendig saniert rund um die schmucke Zentrale des Immobilienriesen Vivawest, eines der führenden Wohnungskonzerne in NRW mit 120.000 Einheiten, in denen rund 300.000 Menschen leben.

Von oben, vom Förderturm im Nordsternpark, blickt ein monströser Herkules auf Gelsenkirchen herab. Die 18 Meter hohe Plastik aus Metall wurde von dem Düsseldorfer Künstler Markus Lüpertz gestaltet und soll den Strukturwandel im Revier symbolisieren. So wenig aber wie der Wandel in ein postindustrielles Zeitalter gelungen ist, so wenig kann ich mich mit dieser komischen Figur anfreunden. Der Kopf mit den blau gefärbten Haaren wirkt völlig überdimensioniert im Vergleich zu seinem Körper. Der Heros der griechischen Mythologie könnte auch gut als Witzfigur im Karnevalszug mitfahren, wäre er nicht acht Tonnen schwer. Schön geht in meinen Augen anders.

Außerdem verstehe ich auch gar nicht, wieso die Stadtväter und die Kohle-Auffanggesellschaft RAG sich da selbst beweihräuchern. Gewiss, sie haben es geschafft, auf diesem riesigen Grubengelände zumindest wieder potente Arbeitgeber anzusiedeln. Neben dem Immobiliengiganten hat sich der Betreiber eines Luxushotels niedergelassen.

Das aufgeräumte Szenario wirkt so, als wäre alles in Butter. Nach all dem Schmutz und den kohlestaubverschmierten Gesichtern der Malocher unter Tage ist hier längst eine neue Ära angebrochen. Büros statt Umzugskauen, kein Getöse, keine Waggons, die das schwarze Gold verfrachteten, kein Kommen und Gehen, keine Stechuhr, keine Schichtsirene. 1980 förderten noch 3300 Mann knapp zwei Millionen Tonnen Fett-, Gas- und Flammkohle. Heute arbeiten dagegen gerade einmal ein paar Hundert Beschäftigte auf dem umfangreich sanierten Gelände.

Alles sieht hier picobello, fein und sauber aus. »Zeche Nordstern, das Vorzeigeobjekt für den erfolgreichen Strukturwandel im Revier« – so der Slogan. Mit Aussichtsplattform und -lokal. Alles gut und schön. Einziges Manko: Die neuen Firmen konnten die Tage einstiger Vollbeschäftigung nicht wettmachen. Hunderttausende Arbeitsplätze gingen durch den Niedergang bei Kohle und Stahl verloren. Die Bergwerke hat man plattgemacht.

An etlichen Standorten entstanden Innovations- oder Wissenschaftsparks. Manche funktionieren auch: Im Technologie-Zentrum Dortmund siedelten sich beispielsweise seit 1988 mehr als 225 Firmen mit über 8500 Mitarbeitern an. Zumeist handelt es sich um Unternehmen der Mikrotechnikbranche.

Auch neben der Zeche Nordstern entstand in Gelsenkirchen ein Wissenschaftspark, ein auf erneuerbare Energien spezialisiertes Gründerzentrum. Und das Zentrum für Innovation und Technik in Mülheim/Ruhr bietet Wissenstransfer für mittelständische Unternehmen an, die keine eigene Forschung betreiben.

Das sieht auf den ersten Blick erst einmal vielversprechend aus. Doch ein zweiter Blick genügt, um genau das Gegenteil zu konstatieren. Das Revier ist auch nach fünfzig Jahren des Umbaus seiner Wirtschaft immer noch ein Sozialfall. Die meisten großen Metropolen rangieren mit einer Arbeitslosenquote von knapp zehn Prozent weit über dem Bundesdurchschnitt von knapp fünf Prozent (Stand April 2019). In Gelsenkirchen ist jeder achte Erwerbsfähige ohne Job. Solche Quoten liegen um zwei Prozentpunkte deutlich über dem Mittel der immer noch »so bedürftigen Kommunen in Ostdeutschland«.

In keinem anderen Bundesland ist die Armut in den vergangenen zehn Jahren auch nur annähernd so stark gewachsen wie in Nordrhein-Westfalen. Dies geht aus der Bertelsmann-Studie »Nachhaltige Kommune« von Anfang April 2019 hervor. Im Ruhrgebiet gilt demnach mittlerweile jeder Fünfte als bedürftig, das sind eine Million Menschen. Viele von ihnen sammeln sich in Stadtvierteln wie Duisburg-Hochfeld, Marxloh, Essen-Karnap, Gelsenkirchen-Hüllen oder Gelsenkirchen-Horst, dem Dortmunder Norden oder Oberhausen.

Die betuchten Bürger meiden die wachsende Zahl sozialer Brennpunkte, in denen viele Hartz-IV-Empfänger wohnen – nebst armen Zuwanderern aus Bulgarien, Rumänien oder dem ehemaligen Jugoslawien.

In Gelsenkirchen wohnen 40 Prozent aller Kinder in Haushalten, die Hartz IV beziehen. Wie die Bundesagentur für

Arbeit am 23. April 2019 berichtete, erhält jedes dritte Kind in Duisburg, Dortmund oder Essen staatliche Stütze. Immer wieder erzählen mir die Sozialarbeiter der verschiedenen Einrichtungen im Norden Essens, wie viele Kinder ohne Pausenbrot in die Schule gehen. Eine ausgewogene Ernährung gibt es in solchen Familien nicht. Die Kinder müssten den Tag mit leerem Magen durchstehen, wenn es etwa nicht die Kindertafel gäbe.

Wie kann es sein, dass der ach so reiche deutsche Staat seinen Nachwuchs derartig vernachlässigt?

Gelsenkirchen-Horst ist mein altes Quartier. Einstmals war es ein Vorzeigeviertel, doch inzwischen ist hier vieles heruntergekommen. Ich fahre am Markt vorbei. Ein echtes Trauerspiel. Das Warenangebot war früher eine Augenweide. Es gab alles, was man sich nur wünschen konnte. Heute dagegen sieht man nur noch einige wenige Stände auf dem Platz.

Gelsenkirchen-Horst galt früher als ein gutbürgerliches Viertel, ein bevorzugter Stadtteil mit dem gleichnamigen Schloss mitten in der City. Inzwischen ist der Niedergang allenthalben spürbar. Diejenigen, die es sich leisten können, wandern ab. Übrig bleiben Niedriglöhner, Alleinerziehende oder auch Migranten. Der Ausländeranteil liegt wie in vielen anderen einstigen Malochervierteln bei über 50 Prozent. In Gelsenkirchen-Hüllen sind es sogar 78 Prozent.

Der Stadtteil Horst war früher berühmt wegen seiner Galopprennbahn. Wenn die Pferde beim Aral-Pokal um das große Oval rasten, fand sich im ganzen Viertel kein Parkplatz mehr. Und heute? Tote Hose. Die Galopparena hat längst dichtgemacht. Zuschauerschwund. Die Leute hatten kein Geld mehr. Jetzt steht dort ein Golfplatz. Eigentlich sollte man meinen, dass dies Anlass zur Hoffnung gäbe. Sobald aber die Spieler ihren letzten Ball eingelocht haben, verschwinden sie gleich wieder. Niemand hält sich noch gerne länger als nötig in Horst auf.

Es gäbe noch etliche weitere Beispiele für den Niedergang: etwa die Marktstraße in Oberhausen, Einkaufsmeile in der Innenstadt. Textildiscounter und Ein-Euro-Shops reihen sich aneinander. »Rabatt-Outlet – bis zu 70 Prozent reduziert« ist in den Schaufenstern zu lesen. »Lecker, lecker!« verspricht ein Laden mit Billiglebensmitteln. Inhabergeführte Geschäfte sind nur noch in den Seitenstraßen zu finden.

Oberhausen galt lange als Deutschlands Schuldenhochburg Nummer eins. Ein Minus von zwei Milliarden schnürt der Stadt mit 220.000 Einwohnern die Lebensader ab. Der Wirtschaftsaufschwung in Deutschland gehe am Ruhrgebiet vorbei, beklagt Oberhausens Stadtkämmerer Apostolos Tsalastras immer wieder in Interviews. Mit Blick auf die Wirtschaftsstruktur im Ruhrpott vermisst der Kassenwart »die Wachstumsimpulse, die woanders sind«.

Da hat er recht: Die noch verbliebenen Industriekonzerne wie Thyssenkrupp sowie die Stromwirtschaft kriseln. RWE und E.ON aus Essen haben die rasant forcierte Energiewende längst nicht verkraftet. Der Anfang des Jahres 2019 verkündete vorzeitige Ausstieg aus der Braunkohle führt nicht nur zu einem weiteren Abbau Tausender Arbeitsplätze, sondern ließ den RWE-Börsenkurs abstürzen.

Dazu muss man wissen, dass gerade zahlreiche Ruhr-Metropolen Kapital in Aktien der Energieriesen gesteckt haben. Gibt der Kurs nach, verliert das kommunale Wertpapierportfolio an Wert, ein Minusgeschäft für die Städte.

Oberhausens oberster Finanzkontrolleur rückt aber im Deutschlandfunk am 7. August 2016 noch ein weiteres Problem in den Fokus: »Wir haben nicht diese mittelständischen Strukturen, die eigentlich die Wirtschaft im Augenblick in der ganzen Bundesrepublik stützen.«[2] Auf das Aus von Kohle und Stahl folgten zwar viele neue Ansätze, um den wirtschaftlichen Absturz aufzuhalten. Doch manches ging ebenfalls den Bach herunter: Als Opel 1962 sein Werk in Bochum eröffnete, frohlockten die Stadtväter. 20.000 neue Jobs wurden geschaffen. Anfang Dezember 2014 war wieder Schluss, der letzte Opel Zafira lief vom Band.

Der Telekommunikationsgigant Nokia baute seinen Standort in der Ruhrmetropole sukzessive aus. Zeitweilig setzten 4500 Beschäftigte Handys oder Fernseher zusammen. Hier kam 2008 das Aus.

In Oberhausen hatte Kämmerer Tsalastros überall gespart: bei Kultur, Sport, Jugendarbeit, der Verwaltung. Schwimmbäder wurden geschlossen, Grundsteuer und Gewerbesteuer erhöht, so heißt es in diesem Beitrag. Aber das habe Grenzen, betonte der Stadtkämmerer im selben Interview: »Was wir unbedingt vermeiden müssen, ist eine Entwicklung wie in Frankreich, wo in den Banlieues die Leute nur noch wohnen. Und zwar nur noch die, die von der Sozialhilfe leben. Wenn wir uns im Ruhrgebiet in so eine Richtung entwickeln, dann kriegen wir Verhältnisse wie dort.«[3]

Der Mann spricht mir aus dem Herzen. Mülheim/Ruhr hat inzwischen Oberhausen als Schuldenmeister der NRW-Großstädte abgelöst. Knapp 10.000 Euro müsste jeder Einwohner aufbringen, damit die Stadt auf eine schwarze Null käme.

Zeitweilig trug sich die Heimatmetropole der Ex-Ministerpräsidentin Hannelore Kraft (SPD) mit dem Gedanken, aus Kostengründen den Straßenbahnverkehr einzustellen. Letztlich knickte das Rathaus vor den Bürgerprotesten ein. Zu Recht, wie ich meine, denn der Öffentliche Personennahverkehr (ÖPNV) zählt zur unabdingbaren Grundversorgung der Bürger.

Der Negativtrend bei den öffentlichen Haushalten im Revier ist allerdings alarmierend. Meines Erachtens ist es schon längst nach zwölf.

»Ich versuche erst gar nicht, das schönzurechnen«, kommentierte Mülheims Kämmerer Frank Mendack im Januar 2019 die miserable Bilanz der Stadt in der *Westdeutschen Allgemeinen Zeitung*. »Die Verschuldung ist exorbitant. Wir leisten uns einen ÖPNV mit einem jährlichen Defizit von mehr als 30 Millionen Euro.« Allein in den vergangenen zehn Jahren habe sich in dem Zusammenhang eine Finanzierungslücke von knapp 300 Millionen Euro aufgetan. Geht es nach dem Mülheimer Haushaltsplaner, fahren bald deutlich weniger Busse und Bahnen durch die City. Bisher aber schreckten die Stadtväter vor diesem Schritt zurück – noch.

Das Wehklagen könnte man uneingeschränkt fortsetzen: Duisburg zahlt den größten Batzen seines Etats in den Sozialtopf ein: knapp 750 Millionen Euro. In Essen, Hagen, Dortmund sieht es nicht anders aus.

Das finanzielle Dilemma zieht sich allerorten durch die einst so prosperierende Montanregion. Das Gros der Hartz-IV-Bezieher machen in den Ruhrkommunen Langzeitarbeitslose aus: kaum noch vermittelbar.

Dieser Umstand aber drückt den Kommunen wegen der hohen Soziallasten finanziell die Luft ab. Sie stecken im Teufelskreis, weil ihnen das Geld für Investitionen in Schulen und Bildung fehlt. Fakt ist: Vom Sterben der Zechen und der Hüttenwerke hat sich der Riesenballungsraum namens Ruhrpott bis heute nicht erholt. Auch wenn viele Schönredner von der politischen Kanzel jahrzehntelang etwas anderes erzählten. Allen voran die SPD.

Wie in der *Süddeutschen Zeitung* vom 9. Mai 2017 zu lesen war, hatte die einstige Regierungschefin Kraft (SPD) noch im Landtagswahlkampf 2017 groß getönt: »Das Ruhrgebiet hat mit 2,3 Millionen genauso viele Beschäftigte wie zu den besten Zeiten von Kohle und Stahl.« Fragt sich nur, warum die Arbeitslosenrate im Pott dann so hoch ist?

Seit Jahrzehnten breiteten die Sozialdemokraten stets aufs Neue einen Subventionsteppich über das Ruhrgebiet aus – mit äußerst gemischtem Erfolg. Obergenosse und Ministerpräsident Johannes Rau suchte bereits in den 70ern und 80ern den Niedergang durch eine Wissenschaftsoffensive auszugleichen. Überall sprossen neue Unis aus dem Boden. Inzwischen büffeln an den Ruhr-Hochschulen annähernd 300.000 Studenten. Dortmund bekam schon in den 60er-Jahren eine Massenuniversität. Bochum auch.

Mittlerweile gibt es fünf Universitäten und 15 Fachhochschulen, die gezielt angesiedelt wurden. Aber nur knapp 3,5 von tausend Beschäftigten im Pott arbeiten laut einem Gutachten des arbeitgebernahen Instituts der deutschen Wirtschaft (IW)[4] in der Forschung und Entwicklung – halb so viele wie im Bundesdurchschnitt: »Die Mischung aus schlechter

Infrastruktur, Problemen in der Bildung und fehlendem Geld ist fatal«, konstatierte IW-Forscher Klaus-Heiner Röhl bei der Vorstellung des Gutachtens via Pressemitteilung am 15.Oktober 2018. Zumal viele gut Ausgebildete nach dem Studium abwandern.

Laut IW hat der Pott demnach nicht vom Boom der deutschen Städte seit der Jahrtausendwende profitieren können. In vielen Feldern hinkt das Revier hinterher. Der größte Ballungsraum Deutschlands leidet.

Dabei bemühten sich die Planer in Stadt und Land massiv, die Talfahrt an der Ruhr aufzuhalten: Bochum sollte dank zweistelliger Millionenzuschüsse aus dem Landeshaushalt zum globalen Trickfilm-Mekka ausgebaut werden. Das Projekt ging unter großem politischen Getöse pleite.

In Oberhausen steht auf einem einstigen Eisenhüttengelände heute eine der größten Ladenzeilen Europas. Der FC Schalke 04 bekam ein Stadion mit einem mobilen Dach. Essen avancierte zur Kulturhauptstadt Europas, die dortige Zeche Zollverein zum Industriedenkmal und UNESCO-Weltkulturerbe. Eine Zeit lang konnte man dort Riesenrad fahren, es gibt Ausstellungsräume, Restaurants und Kunstwerkstätten. Nach dem Kölner Dom ist das stolze Relikt des Bergbaus die größte Touristenattraktion in NRW. Eine Museumswelt, in der ich in den 70ern noch jahrelang geschafft habe. Eine der wenigen Erfolgsgeschichten aus unserer Region.

Mittlerweile produziert nur noch knapp ein Drittel der Erwerbstätigen im Ruhrgebiet Waren. 73 Prozent firmieren als Dienstleister. Das Loch, das der Personalabbau im Bergbau gerissen hat, ist trotz aller Anstrengungen längst nicht gestopft.

Um neue Arbeitsplätze anzusiedeln, haben sich Opel und die Stadt Bochum zusammengetan. 70 Millionen Euro Fördermittel sollen am Ende 700 Millionen private Investitionen bringen. Die Initiative »Bochum Perspektive 2022« gibt sich zuversichtlich, dass auf dem ehemaligen Werksgelände von Opel ein neues Beschäftigungsparadies entstehen wird.

Start-ups statt Stahlblech heißt die Devise. Neue, zukunftsträchtige Firmen und Forschungsinstitute werden auf dem Opel-Areal angesiedelt: vom Logistikkonzern über den Technologiecampus der Ruhr-Uni Bochum bis zur Cybertechnik. Fast die Hälfte des ehemaligen Werksgeländes ist bereits verkauft. 2025 sollen hier 6000 Menschen arbeiten. Früher malochten hier dreimal so viele.

Aber wie heißt es so schön: »Aller Anfang ist schwer.« Nur dass der Wiederaufbau sich nun schon seit Jahrzehnten hinzieht. Allenthalben buhlt der krisengeplagte Ruhrpott um Zukunftsindustrien.

So gilt auch der Duisburger Hafen als viel zitiertes Leuchtturmprojekt der NRW-Wirtschaftsweisen. Ein Gegenentwurf zur Welt von Tatort-Kommissar Schimanski, der häufig in irgendwelchen tristen Ecken der Ruhrmetropole auf Täterjagd ging.

Und doch trügen die Tatort-Bilder aus den miesen Winkeln Duisburgs bis heute nicht. Im Ranking der 71 Städte mit über 100.000 Einwohnern landen fünf Ruhrgebietsmetropolen auf den hinteren Plätzen – die rote Laterne in Sachen mangelhafte Lebensqualität, Arbeitsmarkt, Wirtschaft und Immobilienmarkt ging an Gelsenkirchen.[5]

Straßen, öffentliche Einrichtungen: Vieles ist marode. In manchen Essener Schulen meiden die Kinder den Gang zur

Toilette – viel zu dreckig. Ein Bürger forderte den Essener Oberbürgermeister Thomas Kufen (CDU) öffentlich zum Minigolfspiel in den Schlaglöchern einer befahrenen Ausfallstraße auf. Danach wurde die Straße neu asphaltiert.

Nicht dass ich etwas gegen Oberbürgermeister Kufen einzuwenden hätte. Im Gegensatz zu seinen Vorgängern von der SPD hat der Unionspolitiker bereits angefangen, die Stadt wieder aus dem Soll herauszubringen. Keine neuen Kredite mehr. Dem Stärkungspakt der Landesregierung sei Dank erhält die Stadt weitere 30 Millionen Euro aus dem Landessäckel als Zuschuss. NRW-Ministerpräsidentin Hannelore Kraft (SPD) hatte für 64 überschuldete Kommunen im Jahr 2011 ein Gesetz zur Haushaltskonsolidierung auf den Weg gebracht. Bis zum Ende der Maßnahme im Jahr 2021 haben Städte wie Essen, Oberhausen, Mülheim, Marl oder Gelsenkirchen fast sechs Milliarden Euro aus dem Landestopf erhalten, um wieder schwarze Zahlen schreiben zu können. Viele Städte melden bereits wieder einen ausgeglichenen Haushalt.

Mehr als ein kleines Pflaster auf die riesigen finanziellen Wundkrater bietet der Solidarpakt allerdings nicht. Denn die Altschuldenberge in Milliardenhöhe bestehen weiter. Die Tilgung der Kredite der Not leidenden Ruhrkommunen verhindert dringend nötige Investitionen in eine sinnvolle Stadtentwicklungspolitik.

Teile Dortmunds, einst die Hochburg der Sozialdemokratie, mutieren mittlerweile zum Sprengel für Rechtsextremisten. Das Einwandererviertel Nordstadt häuft eine Menge Probleme an: ein hoher Zulauf von Armutsflüchtlingen; neben dem sogenannten Bulgaren-Strich beherrschen rechtsradikale Gruppen das Stadtbild. Ein geradezu paradoxer Mix.

Die Traumwahlergebnisse der Sozialdemokraten sind ohnehin vorbei. Bei der Bundestagswahl 2017 erzielte die AfD in Gelsenkirchen oder im Essener Norden bis zu 20 Prozent, in Duisburg teils bis zu 30 Prozent. Eine Region verliert erst die Malocher, dann die Arbeit, dann stürzt auch noch die SPD ab.

Bei dem Gedanken schweift mein Blick über die postindustrielle Idylle auf der Zeche Zollverein. Friedlich ist es hier. Vögel zwitschern. Kein Lärm mehr, kein Geschepper, keine betriebsame Hektik. Ruhe. Unwillkürlich fällt mir ein Kommentar aus der *Süddeutschen Zeitung* zum missratenen Strukturwandel in unserer Region wieder ein: »Monumente des Erinnerns gibt es genug. Die Denkmäler vergangener Industriekultur – erkaltete Hochöfen, luftige Gasometer, versiegelte Schachtanlagen – sind touristische Attraktionen. Zugleich liegt über der Region der Fluch des Förderturms: Das mächtige Stahlgerüst mit den zwei Seilscheiben von Zeche Zollverein in Essen dient der Region als Symbol ihrer Vergangenheit. Leuchttürme der Zukunft hingegen hat das Ruhrgebiet noch nicht für sich entdeckt. Hunderttausende Menschen arbeiten hier täglich in modernsten Jobs. Die Mentalität jedoch ist die alte geblieben. Man ist bescheiden, verachtet jeden ›Stuss‹, verabscheut unnötige ›Fissematenten‹. Man genügt sich selbst, in stillem Stolz. Der Schriftsteller Frank Goosen hat dieses Selbstgefühl vor Jahren in einem Satz verdichtet: ›Woanders is' auch scheiße.‹ Das klingt sympathisch, weil lakonisch. Aber als ein Motto, das jeder ›Ruhri‹ kennt, ist es eben auch schrecklich fatalistisch. Und bar jeder Ambition.«[6]

Bar jeder Ambition – was für ein Quatsch. Jeder weiß doch um die Probleme, die meine Heimat seit Jahren quälen. Die Kritiker tun ja so, als lägen wir auf der faulen Haut. Dabei wird es schwierig, ohne ein gesamtheitliches Lösungspaket die Region wiederzubeleben.

Die Kohle ist tot. Der Stahl kränkelt. Im Sommer 2018 wollte Thyssenkrupp seine Metallsparte in ein Joint Venture mit der indischen Tata Steel ausgliedern. Inzwischen ist die Fusion gescheitert, 6000 Arbeitsplätze stehen auf dem Spiel. Für Duisburg, Europas größtem Stahlstandort, könnte das der Todesstoß sein. Die letzten rauchenden Schlote drohen zu verlöschen.

Vorbei die Ruhrpott-Romantik à la Herbert Grönemeyer: »Tief im Westen, wo die Sonne verstaubt ... ist es viel besser, als man glaubt.« Zu dem schlechten Image gesellt sich auch die nüchterne Diagnose, dass die Region zwischen Emscher und Ruhr wirtschaftlich auf dem letzten Loch pfeift.

Ich erinnere mich noch gut, als Gelsenkirchens Oberbürgermeister Frank Baranowski (SPD) während einer Tagung der Genossen durch Dresden stapfte und sich nicht mehr einkriegte. Die einst durch Bomben so zerstörte und während des DDR-Regimes arg geschundene Sachsen-Metropole glänzt inzwischen wie ein barockes Disneyland. Nach dem Verkauf seiner Wohnungsbaugesellschaft schöpft das sogenannte Elb-Florenz aus dem Vollen. Keine Schulden, die einst so maroden Siedlungen in den Vierteln allesamt aufs Feinste saniert. »Und das von unserem Geld«, grummelte der SPD-Bezirksfürst.

Der alte Westen wurde zum Opfer des neuen Ostens, hat ein kluger Kolumnist der *Süddeutschen Zeitung* zum Aus der letzten Zeche in Bottrop Mitte Dezember 2018 geschrieben.[7] Zum Beweis braucht man nur über Straßen in NRW zu stottern: Löcher, Baustellen, Dutzende Brücken gelten als Sanierungsfall, ebenso die A 40, das Nadelöhr durch das Revier.

Während etwa die reichen Düsseldorfer ihre Straßenbahnlinie in den Pott mit neuer Licht- und Computertechnik bestücken wollen, fehlt Duisburg das Geld dazu. So entsteht eine Zwei-Klassen-Gesellschaft an Rhein und an der Ruhr. Und so könnte es geschehen, dass Züge auf der besagten Bahnlinie an den jeweiligen Stadtgrenzen wieder kehrtmachen müssen. Bei den Gemeinden im Revier wird zum Leidwesen ihrer Einwohner an allen Ecken und Enden gespart, während dagegen in den neuen Bundesländern schmucke Bauten und Autobahnen entstanden sind.

Wirtschaftsexperten sagen voraus, dass Sachsen mittelfristig Bayern den ersten Rang als führendes Bundesland in Sachen Wirtschaft ablaufen wird. Dennoch fließen die Soli-Transferleistungen ungehindert weiter von West nach Ost. Bundeskanzlerin Angela Merkel (CDU) sei Dank.

Viele Revierstädte finanzieren ihren Obolus an den Fonds Deutsche Einheit auf Pump. Eine milliardenschwere Schuldenlast erdrückt die ärmsten Städte an Emscher und Ruhr, verhindert ihre Investitionen in Kindergärten und Schulen. Die Regierungen in Berlin und Düsseldorf könnten dem Revier leicht Luft verschaffen und die Altschulden in einen Sonderfonds umschichten. Das geschieht aber nicht.

Dieser Nonsens macht mich wütend. Man fragt sich, wieso die Regierenden gerade in Berlin solche Missstände einfach nicht beachten. Der größte Batzen an Geldern aus dem

Bundesverkehrsministerium fließt nach wie vor nach Bayern. Was weiter nicht verwundert, denn seit Jahren stellen CSU-Politiker aus dem Freistaat den Bundesverkehrsminister. Dabei täte es wirklich not, die Verkehrsadern im Haupttransitkorridor Europas zwischen Dortmund und Köln zu flicken.

Bleiben noch die sozialen Folgen des gescheiterten Strukturwandels: Dort, wo nach dem Zechensterben die Malocher abwanderten, zog das Prekariat zur Billigmiete ein: Arbeitslose, Hilfsarbeiter, Flüchtlinge. Halbe Stadtteile verkommen zu Gettos.

Im April 2017 hat die Unternehmensberatung Boston Consulting Group eine Untersuchung vorgelegt, wonach Nordrhein-Westfalen gewaltige Chancen verschenke. »Würde NRW sein wirtschaftliches Potenzial voll nutzen, ließe sich die heutige Wachstumslücke des Bundeslandes gegenüber wirtschaftlich stärkeren Ländern wie Bayern oder Baden-Württemberg schließen«, heißt es in der Expertise mit dem Titel »*Das ungenutzte Potenzial – Vier Hebel für mehr Wachstum in Nordrhein-Westfalen*«.

Den Satz muss man sich einmal auf der Zunge zergehen lassen. Und es stellt sich die Frage: Wer hat denn eigentlich diese Chancen in den vergangenen Jahrzehnten verschenkt? Die Antwort ist eindeutig: die SPD. Bis auf die Phase zwischen 2005 und 2010 regierten die Genossen seit den 60er-Jahren ununterbrochen das bevölkerungsreichste Bundesland. Immer hieß es, sozial abfedern, lieber die alten Zustände subventionieren, als neue Wege zu wagen.

Vor allem aber galt es, die Herrschaft von Gewerkschaften und Genossen aufrechtzuerhalten. Wie das früher in der Praxis aussah, habe ich am eigenen Leib erlebt.

Zeche Zollverein – Weltkulturerbe in Essen. Langsam rolle ich mit meinem Wagen an meiner alten Lehrwerkstatt vorbei. 46 Jahre ist es her, dass ich dort meinen Ausbildungsvertrag unterschrieb.

Nie werde ich meinen Start auf dem Bergwerk vergessen. Morgens früh standen wir in einer Schlange. Hundert Azubis, angehende Bergleute, Schlosser, Elektriker. Erst ging es rechts zur Ausbildungsabteilung. Vor der versammelten Mannschaft schwangen der Personaldirektor und andere Großkopferten ihre Reden. Danach trat Alois Mickels auf, einer der Ausbildungsleiter. Er stellte sich vor hundert verängstigte junge Leute hin und machte eine klare Ansage: »Passt mal auf, nun sind die Großen alle weg. Wir gehen jetzt gleich zusammen in die Lehrwerkstatt. Und dort haben wir gerade die Scheißhäuser renoviert. Und wenn ich einen von euch erwische, der die Klotüren bemalt, dem reiß ich persönlich die Eier ab.«

Das war die Sprache im Bergbau. Anschließend trabten wir in Reih und Glied hinaus, als wären wir beim Militär.

Nach der kurzen Einweisung machten wir uns auf zum gegenüberliegenden Betriebsratsbüro. Dort wurde der Aufnahmeantrag in die Gewerkschaft unterschrieben. Keine Fisimatenten, kein Nein, kein Zögern – die Unterschrift war ein Muss. Keiner von uns hat diesen Schritt hinterfragt oder darüber geredet. Es hieß einfach: »So, wir gehen jetzt zum Betriebsrat.« Auf diese Weise erreichte die Zeche Zollverein eine

Mitgliederquote, die nahe bei 100 Prozent lag. Das war zwar nicht in jedem Bergwerk Usus, aber uns ließ man keine Wahl.

Erst danach führte der Weg ins Magazin, um sich einzukleiden. Wenn ich aber vorher nicht in die Gewerkschaft eingetreten wäre, hätte es wohl auch keine Arbeitsklamotten gegeben. So viel noch einmal zu den wirklichen Machtfaktoren im Revier.

Kapitel 4

Maloche, Familie und der Tod in der Grube

Die Lehrzeit erforderte ein hohes Maß an Disziplin. Das war eine enorme Umstellung. Sechs Uhr morgens musste man auf dem Pütt antreten. Schicht bis 14:30 Uhr. Dann nach Hause. Mittagessen. Um 17 Uhr begann die Abendrealschule, da ich ja noch meine Fachhochschulreife nachmachen wollte. Es war eine harte Zeit, echte Maloche.

Die Ausbilder schlugen vom ersten Tag an einen rauen Ton an, der keinen Widerspruch duldete. Meist handelte es sich um altgediente Bergleute, von denen man keine pädagogisch einfühlsamen Vorträge der Lehrinhalte erwarten und über die man sich auch nicht beim Vorgesetzten beschweren konnte.

Nach einem halben Jahr wurde es endlich ernst: Wir fuhren runter in die Mine, dorthin, wo wir später die Elektronik installieren sollten, damit die Kumpels Licht hatten und den Stollen vorantreiben und die Abbaumaschinen laufen konnten. Eine spannende und zugleich unheimliche Welt tat sich mir da auf. Angst hatte ich nie, nur gehörigen Respekt.

1973 war das Jahr der Ölpreiskrise, und es gab das erste Sonntagsfahrverbot. Bundeskanzler Willy Brandt geriet innen- und wirtschaftspolitisch ins Straucheln. Ein Jahr später trat mein politisches Idol wegen der Spionageaffäre um Günter Guillaume ab. US-Präsident Richard Nixon nahm kurz darauf wegen des Watergate-Skandals seinen Hut.

In NRW lenkte Ministerpräsident Heinz Kühn seit Jahren in einer sozialliberalen Koalition die Geschäfte. Der Sozialdemokrat suchte insbesondere den wirtschaftlichen Niedergang im Ruhrgebiet zu stoppen. Unter seiner Ägide entstand die Ruhrkohle AG, der Quasi-Staatskonzern. Die NRW-SPD erlebte ein Mitgliederhoch von 300.000 Parteigenossen.

Und Sartor junior? Der schloss im Jahr darauf seine Ausbildung ab, erlangte die Fachhochschulreife, ging zur Bundeswehr, um anschließend erneut auf Zollverein anzuheuern.

Viele Freunde hatten mich vor dem Schritt gewarnt. Etliche von ihnen glaubten nicht mehr an die Zukunft unter Tage – trotz Ruhrkohle AG. »Wie kannste auffer Zeche anfangen, die machen doch alle dicht«, hieß es häufig.

Dabei boten die Gruben seinerzeit gutes Geld. Allein 1800 Mark Bleibeprämie nach der Ausbildung waren nicht übel. Zum Studium fehlte mir seinerzeit die rechte Lust. Da habe ich mir gesagt: »Geh erst mal wieder aufn Pütt, kannst ja immer noch was anderes machen.« Mitte der 70er-Jahre konnte unsereins noch direkt zum Betriebsführer gehen und einfach fragen: »Kann ich wieder bei dir anfangen?«

Klar bestanden Risiken. Die Kohlenkrise war ja längst immanent. Viele Freunde diskutierten mit mir über meine Entscheidung. Schließlich wechselten auch etliche Kumpels zu dieser Zeit aus stillgelegten Bergwerken zur Zeche Zollverein. Ein sozialverträglicher Schrumpfprozess vollzog sich, in dessen Verlauf Teile der Belegschaft in anderen Fördergruben unterkamen – so auch auf Zollverein. Stilllegen, zumachen, schließen – es gab kaum ein anderes Thema in jener Zeit.

Allen Unkenrufen zum Trotz habe ich mich damals für die Kohle entschieden. Als 21-jähriger Jungspund, der glaubte, die Welt gehöre ihm, kümmerten mich die Zweifel meiner Bekannten wenig. Dazu gesellte sich natürlich ein gehöriger Schuss Optimismus.

Aber es war damals auch nicht so schwierig, unter Tage anzuheuern. Arbeit gab es genug. Dafür sorgte die Ruhrkohle AG. Eigentlich ein paradoxer Zustand: Viele Zechen machten zu, dennoch suchten die verbleibenden Bergwerke händeringend Handwerker wie mich.

Die ersten Schichten unter Tage werde ich nie vergessen: Es war eng, heiß, die hohe Luftfeuchtigkeit tat ihr Übriges. Zwar steuerten sogenannte Wettertüren die frische Sauerstoffzufuhr, aber der Wechsel zwischen warm und kalt erschwerte zusätzlich die Arbeiten. Mitunter öffnete man eine Tür und wähnte sich in einer Sauna. Da hieß es erst mal tief durchatmen, um sich an die neue Situation zu gewöhnen. Eine schwierige Gemengelage: Erst wehte ein frischer Luftzug wie im Sauerland durch den Schacht, kurz darauf ging es in einen Arbeitsbereich, wo einem die feuchte Warmfront brutal gegen den Kopf schlug. Da kann man nicht weiterlaufen.

Letztens habe ich mit meinem Enkel das Affenhaus im Zoo besucht. Subtropische Verhältnisse. Genauso fühlte es sich teilweise unter Tage an. Oft hatte man nichts mehr gesehen, die Brille beschlug, sobald sich die Eingangstür öffnete. Diese Verhältnisse setzten einem richtig zu. Mitunter dauerte es anderthalb Stunden, bis wir Elektriker unseren Einsatzort erreicht hatten. Der Arbeitsplatz wanderte mit den Abbaugewinnungsanlagen. Häufig setzte ich mich am Zielpunkt erst mal hin, um durchzuschnaufen.

Auf allen vieren bin ich durch einen Streb gekrochen, einen äußerst schmalen Abraumtunnel entlang eines Flözes. Der Lärm durch den Kohleabbau schaffte zuweilen eine höchst bedrückende Atmosphäre. Ein klammes Gefühl machte sich breit, wenn sich der 200 Meter lange Kohleschlauch so verengte, dass man sich weder drehen noch wenden konnte. Da gab es nur eines: die 200 Meter bewältigen, anders kamst du nicht wieder heraus. Leute mit Platzangst waren im Kohlestollen schlecht aufgehoben.

Und wenn dann so ein tonnenschwerer Eisenhobel vorbeirauschte, der das schwarze Gold abfräste, und man sah wegen des Kohlestaubs die Hand vor den Augen nicht, wurde es echt ungemütlich. Unwillkürlich beschlich einen das Gefühl, dass beim Atmen die Lunge verbrannte. Nach kurzer Zeit aber gewöhnte ich mich an die schwierigen Arbeitsverhältnisse. Es musste ja weitergehen.

Eigentlich kurios, wenn ich es im Rückblick recht bedenke: Besteige ich heute eine Leiter, um auf dem Dach meines Hauses die Regenrinne zu säubern, überkommt mich die Höhenangst. Aber früher als Schachtsteiger bin ich in der Grube über Träger gelaufen, und unter mir klaffte ein 1000 Meter tiefes Loch. Da hatte ich komischerweise keine Manschetten. Aber das war ja auch mein Job.

Das Aufgabenspektrum reichte von Wartungsarbeiten bis hin zur Installation neuer Anlagen, um den Fortgang des Streckenvortriebs zu sichern. Jeden Tag wurde der Tunnel neun

Meter länger, um den Flöz weiter auszubeuten. Dazu brauchte es neue Lampen, neue Zuleitungen für die Antriebsmotoren, neue Signaleinrichtungen für die Förderbänder.

Bei alldem kam dem Revierelektriker eine entscheidende Rolle zu. Er fungierte quasi als Feuerwehrmann, um rasch Störungen im Kohleabbau zu beheben. Jede Minute zählte. Der Förderstillstand kostete damals im Schnitt 600.000 D-Mark pro Stunde.

Für uns hieß das vor allem eines: So schnell wie möglich von A nach B zu gelangen. Da gab es Druck, die Telefone auf der Strecke bimmelten unaufhörlich: »Warum ist die Sache noch nicht geregelt?«, lautete die bohrende Frage aus der Leitzentrale.

Erschwerend wirkte sich der Schichtbetrieb aus: Sechs, 14 und 22 Uhr waren üblich. Daneben gab es auch sogenannte »Todesschichten«, die am frühen Abend begannen. Der ganze Tag fiel dann quasi flach. Spät kam man nach Hause, fiel ins Bett, vormittags wurde gefrühstückt. Und dann ging es auch schon bald wieder in die Grube.

Ich setze meine Tour durch die Quartiere meiner Kindheit fort, mein Auto rollt weiter. Zollverein/10 steht auf dem Schild. Mit dem Schacht verbinde ich ein furchtbares Erlebnis. Unter Tage malochen brachte viele Gefahren mit sich. Häufig gab es Schwerverletzte oder auch Todesfälle. Gequetschte oder gebrochene Gliedmaßen waren an der Tagesordnung. Mit der Bergbauromantik, die heute mitunter mitschwingt, wenn altgediente Kumpels von früher erzählen, hatte das wenig zu tun.

Eines Tages standen wir mittags unten im Schacht und wollten mit dem Korb zum Schichtende nach oben fahren. Auf einmal wurde es hektisch, nichts ging mehr. »Keine Seilfahrt, keine Seilfahrt«, hieß es plötzlich. Etwa 500 Kumpels standen verwundert herum und reagierten zunehmend nervös. Diese Durchsage galt als schlechtes Omen. Keiner wusste, was los war. Erst nach gut einer Stunde ging es weiter. Plötzlich entdeckte ich einen Kollegen, der eigentlich für eine andere Kolonne eingeteilt war.

»Hast du nicht Nachschicht? Wat machst du denn hier?«, wollte ich wissen. Mit betrübter Miene erzählte er mir, dass ein Kumpel, den wir beide kannten, einfach in den Schacht gesprungen war.

»Kannst du dir das vorstellen, der ist einfach runter«, schilderte mein Kollege das Drama. Kurz vor 14 Uhr sei Rudi in seiner Alltagskleidung zur Mittagsschicht erschienen. In aller Seelenruhe habe er das Tor der Schachthalle geöffnet und sich 1000 Meter in die Tiefe gestürzt. Selbstmord.

Wie sich herausstellte, war Rudi schwer erkrankt. Krebs. Eine schreckliche Tragödie, aber beileibe kein Einzelfall.

Auch mir persönlich sind so manche Unfälle passiert, bei denen ich mich heute noch glücklich schätzen kann, heil herausgekommen zu sein. Grubenunglücke gehörten genauso zum Job wie die Überstundenzulage.

Nur ein Beispiel sei erwähnt, um die reale Welt aufm Pütt zu illustrieren: Zu Beginn meiner Zeit auf Zollverein befand ich mich auf einem Förderband, das mich zu einer Störstelle bringen sollte. Normalerweise war es so, dass die Kumpels an einer Aufstiegsstelle zustiegen und sich während der Fahrt auf den Bauch legten. Wenn sich die Hinweise auf den Ausstieg näherten, ging es erst hoch auf alle viere. Dann stand man auf und sprang vom Band, das drei Meter pro Sekunde zurücklegte, auf einen parallel verlaufenden Steg ab.

An jenem Tag blieb ich mit meinem Schutzhelm an einem Draht hängen und krachte neben das Band auf den Boden. Ich weiß bis heute nicht genau, warum und wie es geschah. Auch muss ich eine Zeit lang bewusstlos gewesen sein.

Das Ende vom Lied lautete: abgerissene Netzhaut, Prellungen. Und zu Hause wartete eine besorgte Ehefrau. Nicht, dass es Zoff gegeben hätte. Schließlich stammte meine Frau ebenfalls aus einer Bergarbeiterfamilie in Essen-Karnap. Dort kam es auch vor, dass die Männer nicht mehr nach Hause zurückkehrten. Insofern war meine werte Gattin einiges gewohnt. Sie wusste um die Risiken im Bergwerk. Horrorgeschichten aus der Tiefe begleiteten uns von klein auf. Ich hatte einige Freunde, deren Väter unter Tage geblieben sind. Über dieses Thema wurde bei uns nicht viel gesprochen.

»Warum die Frauen mit den Gefahren unten im Schacht belasten? Die machen sich doch nur unnötig Sorgen.«

So zumindest habe ich diese Dinge gesehen. Das war für alle Beteiligten einfacher.

Zum Glück habe ich selbst keine großen Grubenkatastrophen mehr erlebt. Vieles geschah vor meiner Zeit, als die Sicherheitsvorschriften und -technik noch nicht so weit fortgeschritten waren. Im vergangenen Jahr haben sie bei uns auf dem Friedhof ein Mahnmal neu aufgestellt, das an die Tragödie auf der Essener Zeche Fritz-Heinrich im Jahr 1942 erinnert. Damals waren 45 Tote zu beklagen. Auch der Großvater meines Kumpels Erwin zählte zu den Opfern. Der Opa meiner Frau kam ebenfalls bei einem Grubenunglück ums Leben.

Und dennoch fuhren wir tagaus, tagein nach unten, wohl wissend, dass dort nicht das Paradies auf uns wartete, sondern harte Maloche. Warum also darüber reden? Wieso jammern und zu Hause die Pferde scheu machen? Es hat uns ja niemand dazu gezwungen, auf den Pütt zu gehen. Wenn ich mich über die schwierigen Arbeitsverhältnisse beschwerte, entgegnete mein bester Freund immer: »Wat willste denn? Haste dir doch selbst ausgesucht.«

Nach ein paar Jahren Maloche auf Zollverein kam ich dann doch in die Gänge. Irgendetwas sagte mir, dass es gar nicht so verkehrt wäre, zeit meines Lebens nicht nur einfacher Handwerker zu bleiben. Da setzte sich der Ehrgeiz bei mir durch. Ich wollte es außerdem meinem Vater beweisen. Der Alte hatte stets mein Fortkommen forciert. In seinen Augen war es wichtig, nach oben zu kommen.

Also überlegte ich, Steiger zu werden. Wie bereits gesagt: Als Steiger stellte man schon etwas dar. Der führte eine ganze Arbeitskolonne, herrschte über seinen Abschnitt oder sein Revier wie ein König in der Grube. Zudem stieg man als Steiger in andere Lohnklassen auf, wechselte vom Arbeiter- ins Angestelltenverhältnis. Das hieß: bessere Bezahlung, Anrecht auf eine größere Werkswohnung. Aber es bedeutete auch mehr Verantwortung. Das waren Anreize genug für einen inzwischen Mittzwanziger, der gerade geheiratet hatte und eine Familie gründen wollte.

Also zog es mich nochmals auf die Schulbank, und ich absolvierte die Kaiserliche Bergschule zu Essen in der Kurfürstenstraße. Bei der Aufnahmeprüfung begegnete ich allerdings einem Phänomen, das mich bis heute in unangenehmer Weise begleitet: Neid, herabwürdigende Klischees und stetes Misstrauen. Den ganzen Tag saßen wir Kandidaten an dem Test in der Bergschule. Alles drehte sich um Zeit, Tempo und Konzentrationsfähigkeit. Bei mir lief alles rund, eigentlich stand der Aufnahme nichts mehr im Wege.

Doch dann bat der Prüfer mich zum Einzelgespräch. Vor mir saß ein Mann mittleren Alters. Sein Blick taxierte mich misstrauisch. Schließlich fragte er mich allen Ernstes, ob ich als Sohn vom Sartor der Zeche Nordstern die Testergebnisse schon gekannt hätte.

Eine Begebenheit, die mich über Jahre verfolgte. Immer wieder hieß es, der Sartor junior würde bevorzugt, weil der Alte auf der Zeche Nordstern das Sagen und überall seine Finger mit drinhatte. Da sind heute noch Kollegen, die behaupten, mein Aufstieg bis hin zum Fahrsteiger hätte ich nur meinem Vater zu verdanken. Neid ist in meinen Augen Triebfeder des Bösen. Es gibt Leute, denen habe ich später einen Job in unserer Abteilung besorgt. Und wenn du heute mit denen an der Theke stehst, dann kommt so ein Spruch. Da könnte ich kotzen. Ich habe es ja schon erwähnt: Nichts regt mich mehr auf als ungerechtfertigte Vorbehalte oder falsche Klischeebildung.

Daher rührte auch meine gallige Reaktion, als manche Medien und Politiker, die noch nie bei uns an der Essener Tafel gewesen sind, sich nach dem zeitweilig verhängten Aufnahmestopp für Ausländer ein negatives Urteil anmaßten. Mitunter fasste man sich an den Kopf, was da alles gekübelt wurde. Aber dazu später mehr.

Damals wie heute haben mich solche unqualifizierten Aussagen richtiggehend gekränkt. Die Äußerung des Prüfers lässt mich auch heute noch nicht los. Ich kann mit solchen Dingen schlecht umgehen. Da schimmert mein Gerechtigkeitsfimmel wieder durch. »Komisch so ein gutes Testergebnis und so ein Name. Da stinkt doch was zum Himmel, der Alte hat dem Jungen doch geholfen.« Dieser unbegründete Generalverdacht schlug mir wie ein Hammer aufs Gemüt.

Der Name Sartor gereichte auch nicht immer zum Vorteil: Kaum hatte ich geheiratet, wurde eine Wohnung gegenüber der Werksvilla meines Vaters frei. Wie so oft musste auch in dieser Angelegenheit der Wohnungsausschuss der Zeche Nordstern über die Neuvergabe befinden. Als Vorsitzender fungierte mein Vater.

Der nahm mich dann eines Tages beiseite: »Nee, Jung, dat kann ich nich, du bekommst die Wohnung nicht. Sonst heißt es hinterher, der schustert seinem Sohn die Bude zu.«

Dabei hatte ich mich als Erster für das neue Domizil beworben.

Deshalb hatte ich bewusst auf einem anderen Bergwerk die Lehre absolviert und später dort auch gearbeitet. Aber die blöden Sprüche über meine »prominente Herkunft« hielten sich wie Kaugummi an der Sohle. Ganz gleich, wo man hinkam.

Nach der Steigerschule traf ich auf eine neue Situation. Inzwischen hatten die Zechen Nordstern und Zollverein fusioniert. Für mich war eine Stelle auf dem Bergwerk Westerhold nahe Gelsenkirchen im Abbau vorgesehen. Kurz hinter der heutigen Veltins-Arena auf Schalke. Dann traf ich aber einen Kollegen, der von der Wasserhaltung schwärmte. »Ein Job, der noch in fünfzig Jahren gebraucht wird«, meinte der Dieter euphorisch. Denn die Jungs von der Wasserhaltung kümmerten sich um die stillgelegten Minen. Sie achteten darauf, dass die Stollen nicht vollliefen oder einbrachen, und hielten die ausrangierten Schächte instand. »Dat wär wat für mich«, so mein Gedanke. Gesagt, getan. Ich ging zu den sogenannten Altlastenwächtern.

Der schwerste Gang aber war jener zu meinem Vater. Als ich ihm meinen Berufswechsel eröffnete, begann das Theater. Damals hieß es: »Wer was werden will, muss an die Front.« Mein Vater hatte stets gehofft, dass ich ihm nacheifern würde. Kohleabbau, Steiger und dann nach oben in den Vorstand. Und nun ebendiese Enttäuschung. »Wie kannst du als junger Mann zur Wasserhaltung gehen?«, schimpfte der Alte mit hochroter Birne. »Das ist ein Rentnerposten«, brüllte er. »Du musst an die Front, du musst an die Kohle, du musst dich beweisen, damit du was wirst.«

Der Alte reagierte höchst beleidigt. Wochenlang herrschte eisiges Schweigen zwischen uns. Aber das kümmerte mich nicht. Bollerkopp wie ich bin. Wie immer habe ich mein eigenes Ding durchgezogen. Und es war mir auch zunächst schnuppe, ob und wie meine weitere Karriere verlief.

Später, als ich die Karriereleiter bis hin zum Fahrsteiger erklommen hatte, änderte er seine Meinung: »Jung«, raunzte mein Vater mir zu, »du hast alles richtig gemacht.« Schließlich hatte er mitbekommen, dass ich als Chef meine Sache zu aller Zufriedenheit handhabte. Kein Zweifel, beim Thema Führungsmentalität komme ich nach meinem Vater. Ich hatte nie den Hang zum Wegducken, mich kleinmachen und einfach Ungerechtigkeiten über mich ergehen zu lassen. Oder gar um des lieben Friedens willen einen unangemessenen Rüffel einzustecken. Aufstehen und kämpfen, entschieden einstehen für die Dinge, die mir wichtig sind, so lautet meine Devise bis heute.

Wie gesagt: Ich gehörte zu den absoluten Gewinnern der Kohlesubvention. Trotz des Jobs bei der Wasserhaltung schaffte ich es bis zum Fahrsteiger. Das ist ein Posten, der sich mit dem mittleren Management in einem großen Konzern vergleichen lässt.

Letztendlich profitierte ich wie viele andere Kumpels vom sozialverträglichen Abbau der RAG. Abkehrzahlen, Sonderprogramme, ein Jahr Dauerkurzarbeit – alles Stichworte, die dazu führten, dass ich mit 49 Jahren nach gut dreißig Jahren Arbeit im Bergbau in den Vorruhestand gehen konnte.

Dieser Umstand ruft natürlich viele Neider auf den Plan. Das verstehe ich auch. Aber bei näherer Betrachtung muss man sich fragen, wie die Alternative ausgesehen hätte? Wer hätte es denn gewagt, Hunderttausende Arbeiter aus den Hüttenwerken und den Kohlegruben auf einen Schlag auf die Straße zu setzen? Der soziale Frieden in der bevölkerungsreichsten Region der Republik wäre empfindlich gestört worden.

Und was haben wir nicht um unsere Jobs gekämpft. Bis in die 80er- und 90er-Jahre hinein. Die Stahlkrise bereitete den Regierenden neue Probleme. Es gab gewaltige Proteste. Abends flimmerten die Bilder der Demonstranten über den Bildschirm, gefolgt von Hiobsbotschaften über Fusionen der Stahlkonzerne Hoesch und Thyssenkrupp, die erneut zum Verlust Tausender Arbeitsplätze führen sollten.

Gewiss herrschte Wut auf die Bonzen da oben und auf die Politik, aber insgeheim brachte man auch Verständnis für die verfahrene Lage auf. Und gleichzeitig lautete die Losung: »Das schaffen wir. Für uns reicht es noch.«

Zumindest der legendäre Landesvater Johannes Rau gab uns Hoffnung. Unter ihm fühlten wir uns wohl. Er vermittelte den Eindruck, da steht einer, der passt auf uns auf. Der Schwarze Peter lag bei Bundeskanzler Helmut Kohl und seinem schwarz-gelben Kabinett. Kohl & Co. wollten den schnellen Ausstieg. Weg mit den Subventionen. Lieber Solidarpakt Ost als Solidarpakt Ruhrgebiet. Ein Denkfehler, der sich aktuell gravierend zum Nachteil in der einstigen Montanregion auswirkt.

1997 knüpften wir das Band der Solidarität. 93 Kilometer quer durchs Revier, entlang der A 40, fassten sich die Bergleute und ihre Familien nebst Sympathisanten an die Hand. Ein unvergessliches Erlebnis, da warst du Kumpel unter 120.000 anderen Kumpels. Und ein starkes Signal der Arbeiterschaft, das an die Adresse der Regierenden in Bund und Land gerichtet war. Zugleich aber schwang ein Stück weit Trauer mit, Frust über die da oben, die uns hängen ließen.

»Schwarzes Gold, schwarze Zukunft« titelten die Medien. Ein Abgesang auf die Steinkohle. Der Subventionshahn sollte langsam abgedreht werden, das endgültige Aus für uns Bergleute näherte sich unausweichlich. Das letzte Gefecht.

»Dat müsse mer machen, dat müsse mer einfach machen«, hieß es allenthalben unter den Kollegen. Trotz allem Abgesang überwog das Gefühl von Stolz, an dieser grandiosen Protestkette teilgenommen zu haben.

Noch heute hängt bei mir ein Stückchen vom Flatterband der Solidarität in der Kellerbar. Einmal im Jahr sitz ich mit einigen meiner früheren Kollegen da unten und schaue auf den Stofffetzen. Nickend proste ich der Soldaritätskette zu, froh darüber, dass wir noch gerade so mit heilem Kopf aus der Nummer herausgekommen sind. »Gott sei Dank haben wir et geschafft«, heißt es dann immer.

Ich gehöre zu einer der letzten Bergbaugenerationen, die mit Ende vierzig in Frührente gehen konnten. Ehrlicherweise bleibt festzuhalten, dass die Ruhrkohle mir und Kollegen den goldenen Teppich ausgelegt hatte. Als ich nach Hause gegangen bin, musste ich nur geringfügige Abstriche zu meinen letzten Bezügen in Kauf nehmen. Das Stichwort lautete: Anpassungsmaßnahmen. Wer freiwillig ausschied, erhielt einerseits Zuschüsse von Land, Bund und EU, den Rest steuerte der Arbeitgeber bei. Nüchtern betrachtet, gab es zu den Subventionen wie dem Kohlepfennig meines Erachtens keine Alternative. Es sei denn, man hätte damals einen Arbeiteraufstand provozieren wollen.

Kritiker sagen heute gerne: »Euch hat man das Geld in den Hintern geschoben.« Da ist natürlich etwas Wahres dran. Wie so oft existiert allerdings auch in dieser Causa eine andere Seite der Medaille. Die besticht durch folgenden Satz: »Die Kumpels haben vielen Deutschen den Arsch nach Kriegsende gerettet, weil sie in den 50er- und 60er-Jahren dafür gesorgt haben, dass überall die Öfen warm liefen.« Keine große Philosophie, aber dennoch wahr. Schon in den 70er-Jahren begannen die Neiddebatten. Viele dachten doch, wir Bergleute ruhten uns auf den Subventionen aus. Die Leute frotzelten andauernd über uns und den Kohlepfennig. Als wenn wir fürs Nichtstun bezahlt würden.

Das Gegenteil war der Fall. Meist gab es Druck im Betrieb. Mitunter konnte ich nächtelang nicht schlafen, weil meine Mannschaft wieder einmal ein Projekt realisieren sollte, dessen Kosten jemand in der Vorstandsetage um 20 Prozent gekürzt hatte. Da hieß es dann tricksen, um das Geld einzusparen.

Manche Schlauschwätzer hätte ich gerne mal mit unter Tage genommen. Die wissen gar nicht, was wir jahrzehntelang geleistet haben. Die kennen kein Arbeitsethos, keine Verpflichtung, sich für den anderen einzusetzen und so lange zu arbeiten, bis das Werk vollbracht ist, ohne auf die Uhr zu schielen.

Als Steiger bei der Wasserhaltung habe ich Dinge getan, die eigentlich nicht erlaubt waren. All dies rührte von einem ganz bestimmten Pflichtgefühl her: Du willst deinen Job so gut wie möglich machen. Ein Leitsatz von mir, für den ich mitunter auch gewisse Risiken einging. Das hat sich übrigens bis heute nicht geändert.

So haben wir beispielsweise zwei Jahre lang in einer geschlossenen Zeche unser Leben riskiert, um eine eingebrochene Verbindungsstrecke wieder aufzubauen. Meine Jungs und ich sind dort in die Dammrohre geklettert. Alles war »Bruch und Dallas«, soweit man sehen konnte. Die Schuttberge ragten hoch wie ein Kirchturm. Unsere Aufgabe lautete indes: die anderthalb Kilometer bis zum anderen Ende des Stollens überwinden, um einen Dammdeckel zu öffnen, damit das Wasser wieder fließen kann.

Allerdings schien es schier unmöglich zu sein, dorthin zu gelangen. Somit mussten wir in dem zusammengebrochenen Stollen einen neuen Tunnel einstellen. Mühsam von Hand.

Jeden Morgen bei der Frühbesprechung fragte mich der oberste Chef der Wasserhaltung: »Und, Sartor, wie sieht's aus? Aber du gehst nicht weiter dahin, wo es gefährlich wird.« Ich schüttelte den Kopf, wohl wissend, dass ich auf jeden Fall weitergehen würde.

Es kostete Tage, 30 bis 40 Meter des eingestürzten Stollens wieder begehbar zu machen. Und dann musste man ja weiter. So wie ein Expeditionstrupp ins Ungewisse schoben wir uns vor, um den zusammengebrochenen Tunnel zu erkunden. Manchmal konnte man gar nicht erkennen, wie weit der Bruch reichte. Wir mussten aber zur Stelle am anderen Ende gelangen. Es gab keine andere Lösung. Schließlich beliefen sich die Kosten auf zig Millionen Mark, um die Infrastruktur des Bergwerks aufrechtzuerhalten.

Trotz der Warnungen sind wir mit kleinem Aufgebot weitergegangen, hinein in die Gefahrenregion. Mitunter fühlte man sich wie ein Treckführer im Wilden Westen, der Siedler durch viele Katastrophen und Überfälle nach Kalifornien lotste. Am Ende haben wir es geschafft. Viele Wochen und Monate voll ungewisser Hoffnung lagen hinter uns.

Und dann hörst du draußen: »Der hat doch nur von Subventionen gelebt.« Da gehst du kaputt. Das ärgert einen schwarz. Vor allen Dingen, wenn dann solche Vögel auftauchen, die nie in ihrem Leben hart gearbeitet haben, jene Leute, die noch nicht einmal entscheiden können, ob sie Pils oder Export trinken wollen.

In solchen Momenten bollert es bei mir los. So wie zu jener Zeit, als die Reporter nach dem Aufnahmestopp bei der Tafel zuhauf auftauchten und mir teils zusetzten mit ihrer Kritik an unserem Ukas. Denen habe ich stets Folgendes geantwortet: »Was regt ihr euch so auf? Ich war dreißig Jahre unter Tage, da gab es nur Schwarz oder Weiß und ein Ja oder Nein.« Es gab kein Jein, kein Aber oder ein Womöglich. Genauso wie auf dem Bergwerk halte ich es auch heute. Verantwortung übernehmen, auch wenn es unangenehm ist. Diese Dinge habe ich damals gelernt. Mein Obersteiger sagte mir immer: »Wenn ich nicht im Dienst bin, ruf mich nur an, wenn die Zeche brennt. Sonst sieh zu, wie du klarkommst! Und wenn deine Entscheidung falsch war, bekommst du morgen eine in die Fresse. Triffst du keine Entscheidung, scheppert es zwei Mal.« Und an diese Regel habe ich mich zeit meines Lebens gehalten. Denn von keinem anderen Vorgesetzten habe ich so viel gelernt wie von ihm.

Kapitel 5

Integration am Scheideweg

Duisburg-Bruckhausen. Hier rauchen die Schlote noch. Niemand weiß, wie lange Thyssenkrupp Steel Europe in dem riesigen Hüttenwerk mit 14.000 Beschäftigten, die Partner und Zulieferer mitgezählt, noch arbeiten wird. Auf zehn Quadratkilometern breitet sich eine riesige Industrieanlage aus. So groß wie das Fürstentum Monaco. Nach der gescheiterten Fusion mit dem indischen Konzern Tata Steel darf spekuliert werden, wie viele Stahlkocher nach Hause gehen müssen. Von 6000 Erwerbstätigen am Standort Duisburg und anderswo ist die Rede.

Eines aber sollte man festhalten: Noch immer quillt der weiße Dampf aus den Schloten. Nicht zuletzt auch dank der harten Sanierungsmaßnahmen in der Stahlsparte, die Thyssenkrupp 2018 einen operativen Gewinn von 687 Millionen Euro bescherte. Das ist immerhin einer der wenigen Lichtblicke beim kriselnden Konzern mit seinen gut 160.000 Mitarbeitern weltweit.

Der Weg über die angrenzende Kaiser-Wilhelm-Straße führt hinein in eine ganz andere Welt. Einzig der Wind weht den so typischen Geruch industrieller Abgase aus dem

Stahlwerk in einen Orbit, in dem nichts produziert wird. Hier breitet sich das Elend aus. Ganze Häuserzeilen sind in Bruckhausen verwaist. Menschen hasten über die heruntergekommenen Bürgersteige. Die türkischen Frauen tragen Kopftuch, Schilder künden von einer Hinterhofmoschee, im Garten eines Hauses weht eine türkische Fahne. Aladdins Café lädt in einer benachbarten Straße zum Verweilen ein. 100 Meter weiter bugsiert ein älterer Mann einen ramponierten Kotflügel in seinen Kofferraum. Schnell wird klar, dass hier vieles verwertet wird, was noch einen Euro bringt. Man spürt die Not.

Weiter vorne locken eine Spielhalle und eine Wettbude die Zocker an. Einige von ihnen lungern an jenem Mittag meiner Fahrt durch die Armutsquartiere im Ruhrpott vor den Eingängen herum. Sie suchen nach der Chance für den Sechser im Lotto und ziehen meist eine Niete. Viele, die hier wohnen, leben von Hartz IV und werden dies wohl bis ans Ende ihrer Tage tun.

In Bruckhausen, das wird mir klar, gehen langsam die Lebenslichter aus. Die Deutschen, die einst hier wohnten, sind, sofern sie es sich leisten konnten, längst weggezogen. Geblieben sind die Armen und jene, die keinen deutschen Pass besitzen, die meist eine Zuwanderungsgeschichte aufweisen. Der Wohnraum ist heruntergekommen und deshalb billig. Hier lebt das Prekariat, darunter viele Zugereiste. Inzwischen sind das vor allen Dingen Flüchtlinge aus Syrien, türkischstämmige Menschen sowie Armutsmigranten aus den neuen EU-Staaten Rumänien und Bulgarien.

Im Herbst 2018 verfügten gut 92 Prozent der Bewohner des einstigen Malocherviertels unter 18 Jahren über einen

Migrationshintergrund. Eine ähnliche Quote ergibt sich für Hochfeld, gefolgt von Duisburg-Marxloh mit gut 87 Prozent. Schulexperten klagen über enorme Sprachdefizite in den Vierteln mit einer hohen Zuwanderungsrate. Deutschkenntnisse und Bildung stellen aber meines Erachtens die Grundpfeiler einer erfolgreichen Integration dar. Die zuständigen Stadtentwickler, die Politiker, müssen sich die Frage gefallen lassen, warum sie eine derartige Gettobildung zugelassen haben.

Ich kurve um die Häuser, eine Kirche steht wie ein Leuchtturm – quasi zum Trotz gegen die ganze Tristesse. In ihrem Schatten firmiert das evangelische Gemeindehaus wie ein Hoffnungsschimmer; unweit davon befindet sich das Büro für Familien- und Sozialhilfe, abgerundet durch eine marode Geschäftszeile mit der Aufschrift: Streetworker. Kein Zweifel, worum es in dem Viertel geht.

Zurück geht es auf die Route der Industriekultur. Wenn es nach mir ginge, müsste man zumindest die Kaiser-Wilhelm-Straße umtaufen. »Soziale Abwärtsmeile« wäre die treffendere Bezeichnung. Wenn man sich ein Bild von allen Integrationssünden deutscher Städtepolitik machen möchte, dann empfiehlt sich eine Fahrt zum türkisch-bulgarisch-rumänisch-arabischen Hotspot Duisburg-Marxloh. Vieles mutet so an, als rolle man durch Klein-Absurdistan. Gut die Hälfte der 20.000 Menschen in dem Stadtteil besitzt eine ausländische Staatsbürgerschaft. Nicht eingerechnet sind dabei jene türkischstämmigen Bewohner, die inzwischen zwar über einen deutschen Pass verfügen, sich aber dennoch in dritter oder vierter Generation zurückbesinnen auf tradierte islamische Denkweisen. In Vierteln wie diesen findet der türkische Staatspräsident Recep Tayyip Erdoğan den größten Zuspruch.

Es ist wirklich ein Trauerspiel. Auf der Straße findet man kaum noch einen Menschen, der fließend Deutsch spricht oder versteht. Die einst so bezaubernde Friedrich-Ebert-Allee hat die Anmutung eines orientalischen Bazars, die Straßenzüge rundum verlottern zusehends. Der Putz blättert von den Wänden.

Roma-Frauen palavern vor einer Schrottimmobilie, das Nummernschild ihres Mittelklassewagens weist sie als Bulgarinnen aus. Manche Plattenbauten wirken so marode, dass der Dämmstoff hervorquillt. Andere sind einfach unbewohnbar.

Ich für meinen Teil beginne zu fremdeln, wenn ich die benachbarte Weseler Straße entlanggehe. Da reiht sich ein türkisches Brautgeschäft ans nächste. Im Grunde ist ja auch nichts dagegen einzuwenden, wie die Leute ihr Geld verdienen.

Was mir indes Sorgen bereitet, ist der Umstand, dass in Vierteln wie Marxloh längst die Balance verloren gegangen ist. Ein Getto ist entstanden, kein Lokal, keine Boutique, kein Reisebüro, kein Friseur oder Bäcker befinden sich noch in deutscher Hand. Das heißt aber auch: Hier braucht niemand Deutsch zu sprechen, um über die Runden zu kommen. Das gilt ebenso für etliche andere Quartiere entlang der A 40.

Aus meiner Sicht muss man angesichts dieser Verhältnisse zwar nicht gleich den Abgesang auf die Integrationspolitik anstimmen. Allerdings häufen sich die Indizien, dass vieles schiefläuft. Vor allem bei uns zwischen Duisburg, Essen und Dortmund. Da half es auch nicht, dass Kanzlerin Angela Merkel im Zuge der Flüchtlingsdebatte 2015 Marxloh besuchte, um die Multikulti-Diskussion in die politisch korrekten Bahnen zu lenken. Wie sagte mir ein hoher kommunaler Politiker im Frühjahr 2019: »Bei manchen Stadtteilen müssen wir zusehen, ob wir den Negativtrend noch drehen können.«

Ich würde ihm uneingeschränkt beipflichten. Mir fehlt die Balance, das Miteinander zwischen den Kulturen. Wenn ich in einem Viertel zehn Mehmets und einen Josef habe, dann geht das in die Hose.

Diese Verhältnisse, einmal etabliert, sind nur schwerlich umkehrbar. Am 13. März 2019 haben Wissenschaftler im Auftrag der Landesregierung das erste Integrationsbarometer für NRW veröffentlicht. Der zuständige Minister Joachim Stamp (FDP) frohlockte schon: Laut der Studie identifizierten sich 85 Prozent der Zuwanderer mit NRW und mit ihrer deutschen Heimatstadt. Dazu muss man wissen, dass inzwischen beinahe jeder dritte Bürger an Rhein und Ruhr auf einen Migrationshintergrund zurückblickt.

Mit knapp einer Million Einwohnern stellen die türkischstämmigen Menschen die größte Gruppe, gefolgt von Polen und Russlanddeutschen. Knapp 55 Prozent besitzen eine deutsche Staatsbürgerschaft, gut ein Drittel ist in Deutschland geboren.

»Das Stimmungsbild für alle wichtigen gesellschaftlichen Bereiche wie den Arbeitsmarkt, die Nachbarschaft, das Bildungssystem und die sozialen Beziehungen wird in Nordrhein-Westfalen von der überwiegenden Mehrheit positiv gesehen«, betonte Integrationsminister Stamp anlässlich der Veröffentlichung der ersten Sonderauswertung des Integrationsbarometers des Sachverständigenrats deutscher Stiftungen für

Integration und Migration (SVR) für das bevölkerungsreichste Bundesland.[8]

So kann man es sehen. Ein näherer Blick auf die Expertise lässt bei mir jedoch die Alarmglocken schrillen. Ob solche Analysen tatsächlich das Stimmungsbild allenthalben widergeben, lasse ich mal dahingestellt.

Was mich aber eher stutzig macht, ist die Nachricht, dass sich laut Studie 34,6 Prozent der türkischstämmigen Mitbürger diskriminiert fühlen, gut ein Drittel hat nach eigenen Angaben bereits erhebliche Drangsalierungen erlebt. Dazu kommt, dass nur 55,5 Prozent der türkischen Migranten oft Kontakt mit Deutschen pflegen.

Die soziale Distanz der Einwanderer aus der Türkei zur deutschen Mehrheitsgesellschaft sei größer als bei anderen Migrantengruppen, erläuterte in dem Zusammenhang Yunus Ulusoy vom Zentrum für Türkeistudien in Essen in einem WDR-Interview am 13. März 2019. Das liege unter anderem daran, dass sie meist durch Aussehen oder Kleidung gleich als Einwanderer auffallen und weitaus häufiger mit Reaktionen darauf rechnen müssen »als zum Beispiel ein blonder Pole oder Russe, der vielleicht erst mal gar nicht als Migrant erkannt wird«. Ulusoy verwies vor dem Hintergrund auf eine Studie der Uni Münster, wonach mehr als die Hälfte der befragten Türkischstämmigen angab, sich nicht als Teil der deutschen Gesellschaft anerkannt zu fühlen, »egal, wie sehr ich mich anstrenge«.[9]

Diese Daten belegen meine These, dass wir uns derzeit am Scheideweg bezüglich der Integration befinden. Dabei geht es nicht so sehr um die Schuldfrage, sondern auf der einen Seite darum, dass wir die Menschen dort abholen, wo sie sind. Und auf der anderen Seite darum, dass sich diese Klientel auch ihrerseits um ein Miteinander bemühen muss. Die Bringschuld liegt meines Erachtens auf beiden Seiten.

Doch nicht nur das: Wenn wir uns nicht endlich von Tabus verabschieden, die Probleme offen benennen und angehen, dann droht in vielen Ruhr-Metropolen eine dauerhafte Fehlstellung. »Spiel nicht mit den Schmuddelkindern, sing nicht ihre Lieder«, hat Franz Josef Degenhardt einmal gesungen. Der sozialistisch gesinnte Liedermacher, geboren am südöstlichen Rande des Ruhrpotts, nahm Mitte der 60er-Jahre die Spießerseele der Wirtschaftswunderära aufs Korn mit all ihrem gesellschaftlichen Dünkel gegen die Unterklasse.

Nicht, dass ich je Degenhardt-Verehrer gewesen wäre. Als Püttrologe hörte man andere Musik. Aber das Stück fiel mir wieder ein, weil es – im übertragenen Sinne natürlich – so gut zu den heutigen Verhältnissen passt. So wie ich es sehe, beschreibt das Lied, wie sich Menschen bewusst voneinander abgrenzen wollen. Der Junge aus der Oberschicht soll nicht mit den Arbeiterkindern spielen. Das ging mir ja damals auch so.

Inzwischen aber hat sich die Welt verändert: Josef will nicht mehr mit Mehmet spielen und Mehmet nicht mehr mit Josef. Das müssen wir dringend ändern. Und es fängt damit an, dass Essen-Karnap oder Duisburg-Marxloh wieder Stadtteile einer Multikulti-Gesellschaft werden, in der Deutsche und Ausländer, wo immer sie ursprünglich herkommen, gemeinsam und miteinander leben, und dass man keine Zuwanderergettos entstehen lässt.

Kapitel 6

Der Mehmet und der Josef

Eines sollte man vorab festhalten: Seit über einem Jahrhundert ist der Ruhrpott eine Zuwanderungsregion. »Ruhrpolen« hießen die Arbeitsmigranten aus den Ostprovinzen Preußens, die Ende des 19. Jahrhunderts im Zuge der rasant fortschreitenden Industrialisierung den Arbeitskräftemangel in den Kohlezechen, den Stahlwerken oder im Baugewerbe behoben. Ihre Zahl erreichte um 1910 mit etwa einer halben Million im Ruhrgebiet ihren Höhepunkt.

Zwar kehrten zwei Drittel der einstigen Zuwanderer nach dem Ersten Weltkrieg in die neu gegründete polnische Republik zurück. Ein Teil aber blieb – und das vor allem unter sich. Bereits damals bildeten sich polnische Gettos in Zechenkolonien wie Herne, Bottrop oder Bochum heraus. Bis heute ist der Ausspruch »du oller Pollack« ein geflügeltes Schimpfwort geblieben.

In der Wirtschaftskrise der Weimarer Republik verließen wiederum viele Polen das gebeutelte Land an Rhein und Ruhr und zogen weiter in die Kohlegebiete Frankreichs und Belgiens. Ende der 1920er-Jahre blieben schließlich geschätzte 150.000 Polen im Ruhrpott übrig.

In den 20er-Jahren gingen die polnischen Bergleute und Stahlarbeiter vollständig in der Bevölkerung auf. Als die Nationalsozialisten an die Macht kamen, wurden polnische Arbeitervereine drangsaliert und Funktionäre ermordet. Die übrigen Polen wurden quasi eingedeutscht; wer sich weigerte, musste mit Sanktionen rechnen.

Namen wie Ernst Kuzorra und der seines Schwagers Fritz Szepan stehen nicht nur für die glorreiche Meisterära des FC Schalke 04 in den 30er-Jahren. 1934 erreichte die deutsche Nationalmannschaft gar mit Szepan als Kapitän bei der Weltmeisterschaft in Italien überraschend den dritten Platz.

Die Eingliederung vollzog sich nicht nur auf, sondern auch neben dem Fußballplatz. Die Nachfahren jener Zuwanderer verstehen sich heute als Deutsche, allerdings haben sie ihre polnischen Wurzeln nie vergessen. Heinz H. Menge hat treffend darauf hingewiesen, dass sich in den Telefonbüchern zwischen Duisburg und Dortmund heutzutage viele Namen polnischen Ursprungs finden lassen. Etliche aber wurden auch eingedeutscht. Der Tatort-Kommissar Schimanski hieß wohl im Original mal Szymański.[10]

Ferner haben wir bei uns im Bergbau etliche polnische Begriffe übernommen. Mottek etwa steht nicht für einen hochprozentigen Drink, sondern für den Bergmannshammer. Kabischke heißt auf Kredit einkaufen. Matka gilt im Revier als Synonym für Mutter. Die Beispiele ließen sich beliebig fortsetzen.

Nach dem Zweiten Weltkrieg lagen die meisten Ruhr-Metropolen in Trümmern. Die Alliierten bombten die für die Kriegsrüstung enorm wichtige Industrieregion planmäßig aus.

Knapp jeder Dritte der gut 17 Millionen deutschen Soldaten starb auf den Schlachtfeldern. In den sowjetischen Lagern kam zudem noch eine weitere Million Angehörige der Wehrmacht ums Leben. Nicht vergleichbar mit den 26 Millionen Kriegstoten, die allein die Sowjetunion zu beklagen hatte. Aber für die Bundesrepublik und auch das Ruhrgebiet bedeutete dieses Massensterben einen menschlichen Aderlass ohnegleichen.

Nach der Kapitulation des Hitler-Regimes am 8. Mai 1945 musste es aber weitergehen. Die Überlebenden benötigten Aufbauhilfe von außen. Bald wanderten Portugiesen und vor allem Italiener ein. Der Wiederaufbau von Nachkriegsdeutschland wäre ohne die Zuwanderer undenkbar gewesen. Meist reisten junge Männer nach Deutschland, die anfangs in tristen Baracken und Männerwohnheimen ihr Dasein fristeten. Einen größeren Teil des Lohns schickten sie in die Armenregionen ihrer Heimat, alimentierten so ihre Angehörigen. Familiennachzug war anfangs nicht vorgesehen. Die Neunankömmlinge sollten malochen und anschließend wieder in ihre Herkunftsländer zurückkehren.

Die Verhältnisse begannen sich aber bald zu ändern. Ich werde nie die Besuche bei meiner Großmutter in Betzdorf vergessen. Das Siegerland zählte seinerzeit zu den führenden Erzbergbaurevieren. Bald kamen die ersten Italiener. Die Leute bezogen direkt bei meiner Oma gegenüber Quartier.

Wenn ich meine Großmutter besuchte, zog es mich als Kind alsbald zu den Italienern in der Nachbarschaft. Wir haben gespielt, Unsinn gemacht auf Deifel komm raus. Vor allem die selbst gebaute Bocciabahn lockte mich wie ein Zitroneneis an einem heißen Sommertag. Da kümmerte es mich auch nicht, wenn meine Leute mich im besten Westerwälder-Dialekt ermahnten: »Geh nich nach die Itaker!«

Solche Warnungen kümmerten mich nicht. Der Tadel im Nachhinein, wenn ich wieder einmal gegen das Verbot meiner Oma verstoßen hatte, war mir schlicht schnuppe. Den Jungs aus Bella Italia begegnete ich ohne Vorbehalte, ohne Dünkel. Umgekehrt verhielt es sich ähnlich. Damals war es ganz natürlich, dass man gegenseitig über seine Herkunft frotzelte: »Spaghettifresser« hießen die Italiener, und wir wurden als »Kartoffelköpp« heruntergeputzt.

Ernsthaften Streit gab es nicht. Diese Leute waren in vergleichsweise kurzer Zeit integriert. Auch wenn sich Vorbehalte und Vorurteile bei manchen hartnäckig hielten – sei es bei Deutschen oder bei Migranten.

Die erste Pizza, das erste Eis habe ich Anfang der 60er-Jahre beim Italiener um die Ecke gekostet. Dennoch herrschte anfangs Skepsis bei uns Ureinwohnern: »Oh, die Fremden kommen!« Doch die Vorbehalte erledigten sich bald. Man feierte und arbeitete zusammen.

Und so funktionierte das auch zunächst bei der ersten türkischen Gastarbeitergeneration. Anfang der 60er-Jahre herrschte in Westdeutschland Vollbeschäftigung. Gerade im Bergbau fehlten Arbeitskräfte. So schloss die Bundesrepublik 1961 mit der Türkei ein Abkommen über die Anwerbung von Gastarbeitern. Ich weiß noch allzu gut, dass selbst die Ruhrkohle AG Ende der 60er-Jahre in türkischen Kohleregionen am Schwarzen Meer oder in Anatolien Büros unterhielt, um Arbeitskräfte anzuwerben.

Kohle und Stahlproduktion im Revier kurbelten den Aufstieg aus den Trümmern der NS-Diktatur an. Dabei halfen auch die Arbeitsmigranten aus Südosteuropa. Insbesondere türkische Gastarbeiter, die seinerzeit vor der hohen Erwerbslosenrate im eigenen Land nach Deutschland flüchteten. Die ersten türkischen Zuwanderer wurden wie Exoten behandelt. Sprachprobleme und Ressentiments ließen unsereins fremdeln. Schließlich trafen da zwei grundverschiedene Kulturen aufeinander. Zumal viele türkische Zuwanderer aus den ländlichen, rückständigen Gebieten Anatoliens stammten. Im Laufe der Jahre legten sich die Gegensätze, die Türken waren Kumpels wie du und ich. Mitunter trank man sogar ein Bier in der Kaue miteinander oder grillte am Wochenende zusammen.

Spätestens Ende der 60er-Jahre drehte sich der Wind: Die Zahl der Gastarbeiter stieg zusehends. 1971 stammte jeder zehnte Beschäftigte aus dem Ausland. Der Familiennachzug tat sein Übriges. 14 Millionen Gastarbeiter jobbten in der alten BRD, von denen allerdings gut Zweidrittel wieder in ihre Heimat zurückkehrten.[11]

1973 lebten aber immer noch gut vier Millionen Arbeitszuwanderer mit ihren Familien in den Industrieregionen wie dem Ruhrgebiet. Mit 600.000 Arbeitskräften stellten die Türken die größte Gruppe. So kam es schließlich im Jahr 1973 zum Abschluss eines Anwerbestopps zwischen der Bundesrepublik und der Türkei sowie anderen südeuropäischen Staaten.

Die Ölkrise und die schwächelnden Montanregionen an der Saar und an der Ruhr führten zu einer einschneidenden Rezession. Die Kapazitätsgrenzen schienen erreicht. Die Zahl der ausländischen Beschäftigten sank fortan auf knapp zwei

Millionen, wohingegen die Bevölkerungsrate ausländischer Familien im Revier gleichbleibend bei gut vier Millionen Menschen stagnierte.

Mit dem einsetzenden Niedergang der Montanindustrie verschärfte sich die Situation der Arbeitsmigranten insbesondere im Ruhrgebiet. Schnell überstieg die Arbeitslosenquote der Ausländer die der deutschen Staatsangehörigen – ein Zustand, der bis heute andauert.

Zugleich begann jene Phase, die ich als Beginn der fehlerhaften Integrationsbemühungen und Zuwanderungspolitik kritisiere. Viele Maßnahmen und Fehlentscheidungen führten letztlich dazu, dass sich Teile der Nachfolgegenerationen der einstigen Gastarbeiter abschotteten.

In manchen Vierteln im Essener Nordosten, in Oberhausen oder im Dortmunder Norden wird inzwischen mehr türkisch, arabisch oder rumänisch gesprochen als deutsch. Das stellt ein Missmanagement der Stadtentwickler dar, das vor gut dreißig Jahren seinen Lauf nahm und dessen Folgen wir heute noch zu tragen haben. Doch nicht nur die Rathäuser haben diesem Negativtrend jahrzehntelang nichts entgegengehalten.

Die Ursachen lassen sich schon Anfang der 70er-Jahre finden, als die Zechen dazu übergingen, die türkischen Kumpels in eigene Kolonnen zusammenzufassen. Plötzlich blieb man unter sich, das Miteinander wandelte sich in einen deutsch-türkischen Konkurrenzkampf in der Grube. Der Abbau im Akkord bedeutet meist einen gewissen Wettbewerb, doch nun gesellte sich auch noch eine zunehmende Entfremdung hinzu.

Außerdem brachte es die wachsende Migration mit sich, dass auch islamische Geistliche vermehrt im Bergbau arbeiteten, die überdies auf einwandfreien religiösen Lebenswandel ihrer Landsleute achteten. Ein Beispiel sei erwähnt: Plötzlich duschten die türkischen Kollegen nach der Schicht nur noch mit Unterhose in der Kaue. Auf Zechen wie Gelsenkirchen-Westerhold, in der überwiegend türkische Arbeiter das Grubengold abbauten, schauten die Kollegen uns Deutsche schief an, wenn wir nackt unter die Brause stiegen. Auch mit dem Feierabendbier war Essig. Vielmehr gingen die türkischen Kollegen dazu über, in unserer Anwesenheit nur noch in ihrer Muttersprache zu reden.

Klar sind das Einzelbeispiele, aber dennoch bezeichnend für den schleichenden Wandel hin zu einem trennenden Nebeneinander der Kulturen. So schnell überall Moscheen in den ehemaligen Arbeitervierteln zwischen Duisburg und Dortmund aus dem Boden sprossen, so schnell änderte sich vielerorts das Stadtbild.

Bald gab es erste Straßen, in denen einzig noch eine türkische Community lebte. Das lag natürlich auch an den stetig wachsenden Ansprüchen der deutschen Kumpels. Mit dem zunehmenden Verdienst hatten es viele satt, in den alten Werkshäusern zu wohnen. Die wollten nicht mehr rauslaufen müssen, um die Toilette zu benutzen. Auch waren die üblichen Bergarbeiterquartiere in Etagen mit jeweils vier Wohnungen geteilt. Zwei hinten zum Garten gelegen, zwei vorne zur Straße, jede vielleicht gerade mal 50 Quadratmeter groß. Da wollte der deutsche Malocher spätestens in den 70er-Jahren nicht mehr wohnen. Die türkischen Kollegen aber, die in ihrer Heimat einen äußerst ärmlichen Lebensstil gewohnt waren, bezogen sukzessive die leer stehenden Quartiere. Für sie war das erst mal eine Verbesserung. Ganze Siedlungen der Zechenbetreiber wechselten so in türkische Hand.

In den vergangenen zehn Jahren hat sich der Trend zusehends ins Negative entwickelt. Inzwischen muss man sagen, dass die Integration größerer Teile der dritten türkischen Generation gescheitert ist. Sie kapselt sich vermehrt ab, und mittlerweile ist es zur Bildung regelrechter Parallelgesellschaften gekommen. Dabei besitzen viele dieser Menschen einen deutschen Pass.

Vor fünf Jahren noch verfügte die Hälfte der 30- bis 35-jährigen Deutsch-Türken laut dem Bildungsbericht der Kultusminister von 2018 über keinen Berufsabschluss, bei den deutschtürkischen Frauen lag dieser Anteil sogar bei 60 Prozent. Kinder und Enkel türkischer Einwanderer brechen häufiger die Schule ab, sind stärker von Armut bedroht und verdienen im Schnitt weniger. Nur acht Prozent absolvieren ein Studium, in Familien ohne Migrationshintergrund waren es 2017 dem Statistischem Bundesamt zufolge 24 Prozent. Türkischstämmige Menschen schneiden damit deutlich schlechter ab als etwa die Nachkommen der russlanddeutschen Spätaussiedler aus der ehemaligen Sowjetunion.

Die nächstliegende Erklärung aus Sicht von Forschern lautet: Aus der Türkei zugewanderte Eltern und Großeltern stammen meist aus ärmlichen Gegenden, sind schlecht ausgebildet – und der Bildungsgrad wird in der Regel weitergegeben, »vererbt«. Das heißt: Wenn die Eltern nicht studiert haben, tun es deren Kinder häufig auch nicht. Dieser Umstand hängt weniger vom Geburtsland ab, sondern vielmehr von der *sozialen* Herkunft. Und daran müssen wir arbeiten – ohne sozialromantische Scheuklappen, sondern mit einem klaren Blick auf einen in Teilen missglückten sozialen Integrationsmodus und auf eine spürbare Isolationstendenz gerade unter den Nachkommen türkischer Migranten.

Deutschland – einschließlich des Ruhrgebiets – braucht die Zuwanderung, um den Generationenvertrag zwischen Jung und Alt einhalten zu können. Doch was ist davon zu halten, wenn der türkische Staatspräsident Erdoğan in Essen bei den letzten Wahlen fast 70 Prozent der Stimmen türkischstämmiger Wahlberechtigter erhält? Wes Geistes Kind sind diese Menschen, wenn sie die Scharia (islamische Rechtssammlung) favorisieren und ihren Kindern ein erzkonservatives Religionsbild vermitteln?

Mittlerweile räumt die Politik diese Fehlentwicklung auch ein. Die Gründe sind vielfältig: Ein Problem besteht aus meiner Sicht in der zunehmenden Rückwärtsbesinnung auf eine Islamrichtung, die Andersgläubige ausgrenzt. Klar spielte die Religion bei unseren türkischen Kumpels auch in der Vergangenheit eine Rolle. Aber der »Zwangsglaube«, so will ich ihn mal nennen, grassierte nicht so sehr wie heutzutage. Vielleicht trügt mich ja mein subjektives Gefühl. Aber vor zwanzig Jahren liefen nicht so viele türkische Mädchen mit Kopftuch oder teilweise verschleiert herum wie in heutigen Zeiten. In streng islamischen Familien sucht immer noch der Vater den Bräutigam für seine Tochter aus. Zwangsheiraten sind im Pott und anderswo nach wie vor ein großes Thema.

Heutzutage prägt der Trend zum streng religiösen Habitus das Stadtbild mit: Ab einem gewissen Alter haben die Mädchen ein Kopftuch übergezogen oder laufen verschleiert herum, ob sie damit einverstanden sind oder nicht. Schulschwimmunterricht ist genauso tabu, wie der westlichen Lebensart anzuhängen. Da heißt es dann im altdeutsch-neutürkischen Spießerjargon: »Na ja, der Nachbar guckt doch.« Der türkische Nachbar. Und wenn die Tochter nicht sittsam gekleidet ist, wird getratscht.

Erinnert mich an die 60er-Jahre, an meine Kindheit, an die Altvorderen-Denke, an verstaubte Sittenrelikte von anno dunnemals. Heute erhält die dumpfe Bevormundungswelle neue Nahrung durch eine archaisch geprägte Sozialkontrolle seitens einer wachsenden strenggläubigen arabisch-türkischen Community in den Kommunen. Wehe, wenn der Nachbar kommt, kann ich da nur sagen. Aber so ist es leider.

Ein türkischer Bekannter aus meinem Sportverein hat mich einmal zur Seite genommen und freimütig bekundet. »Ich muss das machen! Das ist so. Alle machen das! Alle schicken ihre Kinder zum Freitagsgebet in die Moschee.« Mittlerweile werden viele türkischstämmige Kinder zum Moscheebesuch verpflichtet – so wie es früher in erzkatholischen Gemeinden mit dem Kirchenbesuch gehandhabt wurde.

Ein weiterer Grund für die Fehlentwicklung besteht darin, dass gerade ältere Einwanderer kaum deutsch sprechen. Viele schauen nur das staatlich gelenkte türkische Fernsehen oder beziehen ihre Informationen aus von Ankara gesteuerten Printmedien. Ihre Söhne und Töchter driften in Teilen immer mehr in erzreaktionäre Islamströmungen ab. Längst wird auch die größte türkische Religionsgemeinschaft in Deutschland, DITIB (Türkisch-Islamische Union der Anstalt für Religion e.V.), durch die Erdoğan-Regierung gesteuert. Kein Wunder, dass der Autokrat in Ankara hierzulande derart großen Zuspruch erhält.

Zu dem Schluss kommt zumindest der Dortmunder Erziehungswissenschaftler Ahmet Toprak. Ein Großteil der Zuwanderer ist nach seinen Worten aus ländlichen Gebieten der Türkei eingewandert. »Das ist eine fromme, muslimisch geprägte Bevölkerungsschicht. Diese ist auch im Ruhrgebiet stark vertreten«, erläuterte der Professor an der Fachhochschule Dortmund.[12] Gerade viele junge Frauen und Männer identifizierten sich eher mit der Türkei als mit ihrem deutschen Lebensmittelpunkt. Kritik an Erdoğan gelte als Kritik an der Türkei, führte Toprak aus. Dieses Empfinden sei unter Jugendlichen stärker ausgeprägt als unter den älteren Migranten. »Die Jugend findet Erdoğan cool, er gibt ihnen das Gefühl dazuzugehören. Er ist für viele eine Art Vaterfigur, weil er Stärke zeigt. Damit identifizieren sich viele.«

Toprak bezweifelt, dass das Abstimmungsergebnis ein Zeichen für eine misslungene Integration sei. »Damit machen wir es uns zu einfach. Viele sind hier geboren, aufgewachsen und zur Schule gegangen. Viele sprechen akzentfrei Deutsch und stehen im Beruf.« Dennoch fühlen sie sich fremd in Deutschland. »Auch viele gebildete Türkeistämmige und Akademiker sind Feuer und Flamme für Erdoğan«, resümierte der Forscher in der *Westdeutschen Allgemeinen Zeitung*.

Im selben Artikel moniert die Islamwissenschaftlerin Lamya Kaddor, dass es uns allen nicht gelungen sei, »dass sich Menschen mit türkischen Wurzeln als Teil Deutschlands fühlen«.

Bei solchen Sätzen bleibt mir die Spucke weg. Asche auf mein Haupt, dass wir es nicht geschafft haben, jedermann im trauten teutonischen Heim einzukuscheln. Ich bin der Meinung, dass derjenige, der in eine andere Gesellschaft einwandert, sich bemühen muss – und nicht umgekehrt die aufnehmende Gesellschaft. Das hat auch bei uns anfangs wunderbar funktioniert – bei den ersten Türken, Italienern, Portugiesen.

Heute findet sich in manchen Schulen bei uns im Essener Norden in den jeweiligen Klassen kaum noch ein deutsches Kind. In jeder dritten Grundschule in NRW verfügt gut die Hälfte der Kinder über einen Migrationshintergrund.

Besonders hohe Quoten nennen die Experten für Essen, Dortmund und Duisburg. Allein in meiner Heimatstadt hat die große Mehrzahl der Jungen und Mädchen laut NRW-Kultusministerium in gut 20 Prozent der 87 Grundschulen ausländische Wurzeln. Der Schwerpunkt liegt im Essener Nordosten, dem Armenhaus der Stadt.

Auch das muss, auf den ersten Blick gesehen, erst einmal kein Drama sein. Andererseits möchte ich festhalten, dass die Lehrer sicherlich vor immensen Problemen stehen. Angesichts solch ungünstiger Mischungsverhältnisse der Klassen ist es gewiss schwer, im normalen Unterrichtstempo ausreichende Deutschkenntnisse zu vermitteln. Das A und O der Integration ist aber das Erlernen der Sprache, gefolgt von Bildung.

Wenn du aber schon in den ersten vier Jahren deiner Schulkarriere nur rudimentäre Lernerfolge erzielst, dann wird der Aufstieg zu einem höheren sozialen Level schwierig. Sprich: Ein höherer Schulabschluss, der etwa zum Studium befähigt, rückt in weite Ferne. Denn allzu oft können die Eltern nicht helfen, sprechen sie doch selbst schlecht deutsch oder auch gar nicht.

Seit der Flüchtlingswelle aus den arabischen Bürgerkriegsstaaten hat sich das Problem immens verstärkt. Laut dem

Regionalverband Ruhr rangieren syrische Asylbewerber weit vorne auf der Migrationsskala (74.500, im Vergleich zu 2016 ein Plus von 14,7 Prozent; gefolgt von Polen: 61.740, im Vergleich zu 2016 ein Plus von 1,8 Prozent; Rumänen: 39.655; im Vergleich zu 2016 ein Plus von 7,3 Prozent, und Italienern: 31.455, im Vergleich zu 2016 ein Plus von 1,7 Prozent). Mit den türkischstämmigen Mitbewohnern machen Zuwanderer aus diesen vier Staaten insgesamt über die Hälfte der Ausländer in der Metropolregion Ruhr aus. Für sich genommen, ist auch dies zunächst einmal kein Nachteil.

Allerdings verstärken sich meine Zweifel, dass diese Menschen im Zuge der zunehmenden Digitalisierung der Arbeitswelt und der wachsenden Qualifikationsanforderungen eine reale Chance auf Teilhabe in unserer Gesellschaft erlangen können. Keine Sprachkenntnis heißt keine Ausbildung heißt keinen Job – und am Ende winkt Hartz IV. Eine Gleichung, die sicher nicht für alle gilt. Dennoch fängt meines Erachtens die Integrationsmisere in der Schule an und hört im Berufsleben auf.

Im Grunde beginnt das Dilemma schon in den Kindergärten. Ich kenne eine Kita-Leiterin, die für ihren Sprössling eine Tagesmutter engagiert hat. Die Mutter will ihren Nachwuchs nicht in einer Kita aufwachsen lassen, die fast zu 100 Prozent von ausländischen Kindern besucht wird. Das gab es vor 15 Jahren nicht. Seinerzeit hat man versucht, die Migrationsklientel – groß oder klein – einzugliedern. Heutzutage feiern manche Kindergärten anstatt Nikolaus und Weihnachten ein Jahresabschlussfest in der Moschee der erzkonservativen türkischen Religionsgemeinschaft DITIB in Altenessen. So etwa der Integrative Kindergarten des Kinderschutzbundes. Die Einrichtung besuchen gerade noch zwei Kinder aus deutschen Familien.

Weil Integration inzwischen immer weniger funktioniert, versuchen nun wir uns anzupassen, damit das Fremdeln ein bisschen abnimmt. Anfang des Jahres hat der Landesintegrationsbeauftragte Tayfun Keltek allen Ernstes den Vorschlag gemacht, die Grundschulkinder sollten anstatt Englisch besser Türkisch oder jeweils andere in den Klassen vertretene Muttersprachen lernen. Folglich könnten deutsche Kinder in den Migrationsschulen die Klassenkameraden besser verstehen.

Da frage ich mich die ganze Zeit, auf welchem Weg wir uns befinden? Zumal das Englische die Weltsprache Nummer eins ist und junge Leute ohne ausreichende Kenntnisse nur schwerlich weiterkommen. Aber solche Vorschläge passen meines Erachtens in die Zeit. Lieber streicheln statt fordern. Lieber mal nicht so genau auf das Negative schauen, sondern in verklärter Sozialromantik fünfe gerade sein lassen. Wir sind keine Problemlöser mehr, sondern klopfen uns mit stolzer Inbrunst an die eigene Brust als die größten Toleranzbolzen auf Gottes Erden. Ach, komm, iss doch nix. Iss doch nicht wahr, ist doch alles gut. Frei nach der Devise: Wir müssen nur selbst was ändern, dann ändern sich auch die anderen. Fördern statt fordern, nur ja kein Druck.

Alles in allem versäumten es die im Revier herrschenden Sozialdemokraten gut dreißig Jahre lang, Zuwanderung und Integration effizient zu steuern. Als wenn sie mit Scheuklappen durch die Gegend gelaufen wären, haben die Genossen hilflos zugesehen, wie soziale Brennpunkte entstanden und sich zunehmend in Gettos verwandelten.

Gerade in Essen wurden Kritiker aus den eigenen Reihen, die solche Negativtrends anprangerten, kaltgestellt. Umgehend schaltete sich etwa die damalige NRW-Regierungschefin Hannelore Kraft ein, als Essener Stadträte vor einer Überfremdung mancher Stadtteile im Essener Norden warnten. Es durfte einfach nicht sein, was nicht in die sozialdemokratische Ausländerpolitik passte. Und die lautete: geht schon weiter. Mehr als den Zorn der Stadtteilbewohner fürchteten SPD wie auch die anderen Parteien, an den medialen Pranger gestellt zu werden.

Als Angela Merkel im Herbst 2015 die Grenze für die vielen Flüchtlinge öffnete, wirkte die Presselandschaft wie besoffen vom Refugee-Welcome-Gedanken. Das altehrwürdige *Time Magazine* feierte die Kanzlerin seinerzeit als »Person des Jahres« mit einem Titelbild. Manche Medien versuchen bis heute immer noch, jeden Zuwanderer als Heilsbringer für unsere nachwuchsarme Wirtschaft zu verkaufen.

Das soll wahrlich nicht despektierlich gegenüber Flüchtlingen klingen. Vielmehr beschreibt es einen schauerlichen Reflex: Mehr als es früher der Fall war, schielt die Politik heute stets darauf, ob ihre Entscheidungen der öffentlichen Meinung entsprechen. Denn, so das Kalkül, fallen die Reaktionen positiv aus, steigen die Umfragewerte – und damit auch die Chance, wiedergewählt zu werden.

Da in den heutigen Zeiten der Berufspolitiker nicht mehr die Ausnahme, sondern die Regel darstellt, sind viele Parlamentarier darauf angewiesen, auch in der nächsten Legislaturperiode einen aussichtsreichen Platz auf der Wahlliste der Partei zu ergattern. Andernfalls droht ihnen der Jobverlust. Etwas anderes, als Politik zu machen, haben diese Leute nicht gelernt. Spätestens nach dem Studium beginnt die Jagd nach Mandaten, und wenn der Genosse, Grüne, Linke, Christ- oder Freidemokrat schon mit vierzig oder fünfzig Jahren aus dem Parlamentszirkus herausfällt, wird es schwierig, bis zur Rente gediegen zu überdauern.

Also geschieht Folgendes: Die Abgeordneten ordnen sich meist der Fraktionsdisziplin unter. Das Abstimmungsverhalten folgt den Leitlinien der Partei- beziehungsweise Regierungsführung. Die Fraktionschefs sind dazu da, ihre Abgeordneten auf Kurs zu halten. Abweichler müssen darum fürchten, bei der nächsten Wahl ihren sicheren Listenplatz zu verlieren. Und somit kommt es selten vor, dass die Politriege in Bund- oder Landtag oder im Stadtrat gegen die vorgegebene Richtung der Parteispitze stimmt.

Dazu kommt der Faktor, dass die Parteigranden genau auf die veröffentlichte Meinung schauen. Klatschakkorde durch den medialen Mainstream erscheinen mitunter wichtiger, als sich den wahren Nöten, Ängsten und Empfindungen der Bürger zu stellen. Der CDU-Vizefraktionsvorsitzende und Vorsitzende der Mittelstandsvereinigung der Union, Carsten Linnemann, hat am 23. Mai 2019 nach dem Erhalt des Wilhelm-Weber-Preises im Essener Rathaus markige Worte für einen Aufbruch der Gesellschaft hin zu mehr Eigeninitiative gefunden. Den rauen Wind des Wettbewerbs halte man hierzulande nur schwerlich aus, referierte Linnemann. Das gelte auch für die Politiker, die vor allen Dingen Sorgen hätten, vom nächsten Shitstorm in den sozialen Netzwerken erdrückt zu werden. Anstatt perspektivisch zu denken, »verliert man sich in der

Tagespolitik«, bemängelte der CDU-Mittelstandschef. Zugleich vermisse er Wirtschaftsführer, die sich heutzutage öffentlich in gesellschaftliche Diskussionen einmischten.[13]

Im Februar 2019 erschien ein Buch des früheren Bundesinnenministers Thomas de Maizière.[14] Darin analysiert der CDU-Politiker die Geschehnisse vom Herbst 2015, die den Zustrom von Asylbewerbern enorm anwachsen ließ. Offen gibt de Maizière zu, dass die Zurückweisung der Flüchtlinge möglich gewesen wäre. Allerdings, so seine Darstellung, seien die Behörden nicht ausreichend darauf eingestellt gewesen. Schließlich formuliert er sein Fazit in dem Satz: »Diese Bilder hätten wir nicht ausgehalten.«

Diese Aussage zeigt ein Grundproblem unserer heutigen Demokratie auf: Wir hätten diese Bilder nicht ausgehalten, und deshalb haben wir es nicht gemacht. Schon damals schienen den Verantwortlichen in Berlin die Folgen klar gewesen zu sein.

Ich kann mich noch gut daran erinnern, wie SPD-Bundeskanzler Helmut Schmidt im heißen Herbst 1977 die Terrorattacken der Roten Armee Fraktion (RAF) mit kompromissloser Gegenwehr beantwortete. Die Anti-Terroreinheit GSG 9 befreite seinerzeit die Geiseln in der durch palästinensische Terroristen gekaperten Lufthansa-Maschine im somalischen Mogadischu. Gleichzeitig wurde Arbeitgeberpräsident Hanns Martin Schleyer durch RAF-Kader erschossen, weil Schmidt ihren Forderungen nicht nachgeben wollte. Sollte dieser Tage eine vergleichbare Lage entstehen, wer hätte von der jetzigen Politelite den Mut, erneut so zu handeln? Ich glaube kaum jemand.

Lieber verkünden Christ- wie auch Sozialdemokraten, die einstigen Volksparteien, einen ideologischen Einheitsbrei, der vor allem eines beinhaltet: nur ja nicht anecken. Immer schön in die bürgerliche Mitte ziehen. Wo immer die auch sein mag.

»Im Zeitalter des ewigen Friedens, in dieser wohlig-warmen Stubenatmosphäre haben wir uns ganz gut eingerichtet. Aus meiner Sicht hatten wir Deutschen schon immer ein Problem mit politischem Idealismus und mit politischer Weltfremdheit«, sagte Hans-Georg Maaßen, Ex-Chef des Bundesamtes für Verfassungsschutz, in einer Rede vor der CDU-Werteunion im Februar 2019.

Ich bin wahrlich kein Politphilosoph, dennoch pflichte ich ihm bei: Romantik, Idealismus, Weltfremdheit finden sich bei vielen Missionaren der Zuwanderungsdebatte. Anstatt dass wir eine saubere Inventur in unseren Städten vollziehen – vor allem im stark belasteten Ruhrgebiet –, ergehen wir uns darin, vor den Problemen den Kopf in den Sand zu stecken. Frei nach Muttis Satz: »Wir schaffen das schon.«

Kapitel 7

Von arabischen Clans, der Flüchtlingswelle und EU-Zuwanderern vom Balkan

Rathaus Essen, 14. Etage. Hier arbeitet ein guter alter Bekannter und Förderer der Essener Tafel: Peter Renzel, Sozialdezernent. Wenn einer die Problemlagen der viertgrößten Stadt in NRW kennt, dann der CDU-Politiker. Renzel ist jemand, der genau hinschaut, einer, der auch mal gerne querdenkt.

Essener durch und durch, weiß der Christdemokrat, wovon er spricht. Davon zeugt nicht nur allein sein ausgeprägter Ruhr-Dialekt. Da sind wir uns gleich. Vielmehr gilt Renzel als ausgewiesener Experte, wenn es darum geht, einen ehrlichen Blick auf das fragile Sozialgefüge in meiner Heimatstadt zu wagen.

Im Februar 2019 erst wartete der Sozialdezernent mit einer konträren Position zur bundespolitischen Debatte um Bürgergeld, Grundeinkommen und die Lockerung der Hartz-IV-Sanktionen auf. Erneut brachte der streitbare Beigeordnete einen alten Vorschlag der Union ins Spiel: Renzel plädierte dafür, die Hartz-IV-Bezüge mit Arbeitsaufgaben zu verbinden. Soll heißen: Erwerbsfähige Leistungsbezieher sollten generell nur dann die staatliche Zuwendung erhalten, wenn sie Gemeinwohlarbeit in ihrer Stadt leisten. Als erwerbsfähig gilt jemand, der mindestens drei Stunden am Tag arbeiten kann. Genau diese 180 Minuten täglich, so Renzel, sollten die Menschen für kommunale Dienste bereitstellen.

»Die Regel des Förderns und Forderns zu verlassen halte ich für einen absoluten Fehler«, monierte der Christdemokrat. »Ich finde, dass wir in der Debatte einen anderen Blick darauf brauchen.« Für diese Aussage wurde er medial regelrecht verdroschen.[15] Von billiger Stimmungsmache war da die Rede, von »Zwangsarbeit«. Nur weil der Mann Dinge aussprach, die meines Erachtens auf der Hand liegen. Wenn du andauernd die soziale Hängematte auslegst, dann wundere dich nicht, dass sich nichts ändert. Angesichts der Reaktionen fühlte ich mich an Situationen erinnert, die es nach dem Bekanntwerden des zeitweiligen Aufnahmestopps für Ausländer an unserer Tafel gab.

Sicher ist es kein Zuckerschlecken, mit Hartz IV über die Runden kommen zu müssen, und gerade alleinerziehende Mütter können an diesem Schicksal schwerlich etwas ändern.

Allerdings gibt es auch viele Leistungsbezieher, die besser dastehen als all jene alten Menschen, die mit ihrer Rente knapp über dem staatlichen Satz für die Grundsicherung liegen. Die müssen alles selber bezahlen: angefangen bei ihrer Wohnung über die Krankenkasse bis hin zu den GEZ-Gebühren. Obwohl viele Betroffene entweder lange Jahre Kinder aufgezogen oder in Billigjobs malocht haben, darben sie am Ende eines arbeitsreichen Lebens unter dem Existenzminimum.

Peter Renzel verfügt von seinem Büro aus über einen herrlichen Blick auf Essen. Von hier oben wirkt die Stadt wie ein pulsierendes Räderwerk, in dem ein Glied ins nächste greift. Doch wenn man Renzel reden hört, mischt sich unter die wohlfeile Optik eine differenzierte Bilanz. Ein Bild mit nur düsteren Farben lässt er für seine Heimatstadt Essen erst gar nicht zu. Essen, das wird schnell klar, entspricht gelegentlich einem Wechselbad der Gefühle, so wie es in allen Ruhrmetropolen der Fall ist. Hui oder pfui, beides gibt es, wie überall in Deutschland. Es kommt halt auch immer auf die eigene Haltung, den eigenen Standpunkt an. Nicht alles ist so schlecht, wie es aussieht oder auch gerne drüber geredet wird. Aber es ist eben auch noch nicht überall proper, wie es manchmal den Anschein hat. Renzel ist Essener aus Leidenschaft und überzeugt, dass seine Heimatstadt sehr lebens- und liebenswert ist. Aber es gibt halt auch noch Luft nach oben. Mal mehr, mal weniger.

Sein Berufsleben begann Renzel als Sozialarbeiter. Folglich kennt er die Arbeit mit den Menschen in den Stadtteilen genauso wie jetzt als Sozialmanager, als Herr des größten Etats der Stadt, des Haushaltspostens für Soziales.

Renzel hält Zahlen und Daten detailliert parat. Er doziert über die Fakten wie ein Gelehrter in einem Uni-Seminar. Und zwar so, als wolle er sein Gegenüber gleich entwaffnen, sollte der mit irgendwelchen verqueren Vorurteilen oder falschen Klischees daherkommen. Fördern und fordern, dieser Tenor zieht sich durch unser ganzes Gespräch. An diesem Motto ist aus seiner Sicht unter allen Umständen festzuhalten.

Essen kämpft nach wie vor um den Anschluss an den postindustriellen Strukturwandel. Allerdings ist man hier längst weiter als in Oberhausen oder Mülheim/Ruhr. Die Arbeitslosenquote in Essen liegt derzeit bei 10,2 Prozent. Renzel will in diesem Jahr noch einstellig werden, ein erreichbares Ziel. Das Gros besteht aus Langzeiterwerbslosen. 46.500 Haushalte, das sind rund 92.000 Einwohner, beziehen Hartz IV. Eine enorme finanzielle Last.

Eigentlich hatten die Essener damit gerechnet, dass die Zahl der 40.000 sogenannten Bedarfsgemeinschaften spürbar zurückgehen würde. Immerhin hat das größte kommunale Jobcenter seit 2012 Jahr für Jahr mehr Langzeitarbeitslose in den ersten Arbeitsmarkt integriert. Über 13.000 Menschen hat die Stadt allein in 2018 in Lohn und Brot gebracht. Davon sogar schon über 2600 Flüchtlinge. Doch die Erfolge aller Bemühungen bewirkten keine echte Trendwende. »Seit dem Beginn der Flüchtlingskrise, die bereits 2013 begann, ist die Zahl der Hartz-IV-Bedarfsgemeinschaften auf 46.500 gestiegen«, berichtet Sozialdezernent Renzel.

Waren es im Juni 2015 noch 1340 Syrer, so leben heute über 12.000 in der Stadt. Essen gilt als Hotspot für Asylsuchende aus der bürgerkriegsgeschüttelten Levante. Neben den Syrern stellen 5500 Iraker und 2800 Afghanen das Hauptkontingent. Über 40 Bürgerversammlungen hat Renzel zwischen 2014 und 2016 veranstaltet. Mit seinem Team gekämpft für neue Einrichtungen zur Unterbringung und Versorgung. Er hat sich die Sorgen, die Ängste, auch all jene Ressentiments und Wut, Enttäuschung angehört und sich den Diskussionen persönlich gestellt. Und er hat voller Dankbarkeit und Stolz eben auch dieses unglaublich große Engagement Hunderter Essener bewundert und gefördert. So viel erlebt! »Und wir haben es geschafft, in den beiden schwierigen Jahren 2015 und

2016 den Frieden und den Zusammenhalt in den Stadtteilen zu erhalten.«

Renzel spricht über die Integrationsaufgaben und über die die Integrationsprobleme. Er ist kein Schönredner. Kann und will Klartext. Ruhrgebiet halt. Gleich mehrfach hebt er hervor, wie wichtig es sei, den Menschen so schnell wie möglich Deutsch beizubringen. Das A und O. Ohne ausreichende Sprachkenntnisse gehen die Berufschancen gegen null. Auch kommt erschwerend hinzu, dass viele Qualifikationen aus der Heimat hierzulande nicht anerkannt werden. Eine Zusatzausbildung ist vonnöten. 96 Prozent der neuen Zuwanderer verfügen somit über keinen Schul- oder Berufsabschluss. Dieser Umstand erschwert die Integrationsbemühungen zusätzlich.

»Über 80 Prozent der Beschäftigten arbeiten an der Ruhr inzwischen im Dienstleistungssektor. Ein einfacher Hauptschulabschluss reicht einfach nicht mehr, um einen Arbeitsvertrag in diesen Branchen zu ergattern«, erläutert Renzel. Diese Firmen suchten hoch qualifizierte Mitarbeiter.

Aus seinen Worten wird offensichtlich: Die Migrationswelle hat das Ruhrgebiet und insbesondere Essen einfach überrollt. Aber er macht auch deutlich, dass die Essener den Laden mit großen gemeinsamen Kraftanstrengungen zusammengehalten haben. Und jetzt arbeiten wir mit vereinten Kräften weiter an der Integration.

Wie übrigens schon immer im Ruhrgebiet. Alle hier haben eine Zuwanderungsgeschichte. Ohne Zuwanderung wären die Städte an der Ruhr weiterhin Dörfer. Er ist überzeugt: Irgendwann werden dir mit großem Stolz auf diese Zeit zurückschauen, ganz besonders auf die Jahre 2015 und 2016 und was wir gemeinsam geschafft haben.

Die Probleme der Region sind in den letzten Jahren überdeutlich geworden. Zwei von drei Zuwanderern aus Afghanistan, Irak, Iran, Syrien, Somalia, Eritrea, Nigeria und Pakistan bezogen laut Bundesagentur für Arbeit im Herbst 2018 Hartz IV.

Diese Angabe trifft neben Essen in etwa auch für Duisburg oder Oberhausen zu. Die Statistik des Essener Jobcenters summiert Zuwanderer aus den genannten Staaten am 17. Januar 2019 auf knapp 17.000 Personen. Sie alle beziehen staatliche Leistungen. Gut die Hälfte der syrischen oder irakischen Empfänger ist noch nicht einmal 25 Jahre alt. Schätzungen Renzels zufolge wendet die Stadt mindestens 35 Millionen Euro jährlich für die Integration der Asylsuchenden auf. Diese werden zum einen für Verpflegung und Wohnungen ausgegeben, bei anerkannten Flüchtlingen etwa für Kita- oder Schulplätze. Dazu kommen jene Aufwendungen für geduldete Migranten. Des Weiteren fließen Bundesmittel in dreistelliger Millionenhöhe jährlich für Sozialleistungen nebst Zuschüssen für Unterkunft und Heizung.

Im März 2019 platzte folgende Nachricht herein, die mich schier fassungslos zurückließ. Da kam Bundesfinanzminister Olaf Scholz (SPD) mit der Idee um die Ecke, die Bundeszuschüsse für die Flüchtlingshilfe an Länder und Kommunen kräftig zurückzufahren. Von 4,7 Milliarden Euro jährlich wollte Berlin vom Jahr 2020 an nur noch 1,3 Milliarden überweisen. Mit der Begründung: Rückgang der Flüchtlingszahlen. Registrierten die staatlichen Stellen zur Hochphase der Zuwanderungswelle 2016 noch 746.000 Asylanträge, schrumpfte die Zahl 2018 auf 186.000 Erst- und Folgeersuchen. Immerhin noch eine Bevölkerungszahl von der Größe einer mittelgroßen Stadt.

Nicht eingerechnet in diese Aufstellung sind all jene Migranten, die hier geduldet werden. Auch die Kosten für Zuwanderer in unsere Sozialsysteme aus den neuen EU-Staaten Rumänien und Bulgarien finden sich in dieser Statistik nicht wieder. Diese Personengruppe aber belastet das Essener Stadtsäckel ähnlich wie andere benachbarte Metropolen auch. Duisburg zählt mittlerweile 20.000 solcher Einwanderer.

Dennoch müssen die Kommunen, die ohnehin schon unter ihren schweren Altschuldenlasten ächzen, die Kosten für diese Menschen übernehmen. Allein Essen drückt ein Minus von 2,2 Milliarden Euro. Nur durch dreistellige Millionenhilfen des Landes NRW über den sogenannten Stärkungspakt schaffte es der Kämmerer, für 2019 einen ausgeglichenen Haushalt vorzulegen.

So also wollte die Bundesregierung den klammen Gemeinden im Pott und anderswo den Geldhahn in puncto Flüchtlingshilfe zudrehen. Jenes Kabinett der Welcome-Kanzlerin Merkel, die so schön getönt hatte: »Wir schaffen das.« Jene Regierung, die versprochen hatte, die Länder und Kommunen nicht mit den Folgen der Flüchtlingskrise alleinzulassen, mit all den Kosten für Schule, Gesundheitsversorgung, Wohnen, Energie. Ende 2019 läuft die Zusage der Bundeshilfen für Asylberechtigte aus. Dann plante Berlin den finanziellen Stecker zu ziehen.

Man fragt sich unweigerlich, ob die an der Spree im Kanzleramt ein wenig Blinde Kuh spielen oder aus ihren parlamentarischen Glaskästen verklärt in eine Welt aus Milch und Honig blicken? Wer solche Vorschläge macht, sollte sich nicht über zweistellige Wahlergebnisse der AfD in etlichen Ruhr-Regionen wundern. In manchen Stadtteilen Duisburgs erzielten die Rechtspopulisten bis zu 30 Prozent.

NRW-Landesvater Armin Laschet kennt das Problem nur zu genau. Umgehend rief er Merkels roten Kassenwart Scholz zur Ordnung: »Der Vorschlag des Bundesfinanzministers ist indiskutabel.« Wer den Kommunen die Erstattung der flüchtlingsbedingten Kosten der Unterkunft streichen wolle, provoziere Steuererhöhungen in den Gemeinden wegen der Flüchtlinge – und zündele damit an dem Konflikt, »den wir gerade mühsam befrieden konnten«. Politik müsse den gesellschaftlichen Zusammenhalt im Blick behalten, führte Laschet weiter aus. Das sei nur zu erreichen, wenn der Bund auch weiterhin seiner Verantwortung gerecht werde, Länder und Kommunen angemessen bei der Integration zu unterstützen. »Wer in diesen Zeiten bei der Integration kürzt und hoch verschuldete Kommunen mit sozialen Brennpunkten alleinelässt, hat jede Sensibilität für gesellschaftliche Prioritäten verloren.«[16] Ein wahres Wort. Zumindest in der Düsseldorfer Staatskanzlei hat man die Sturmzeichen der Zeit erkannt. Seit Jahren klagen die Stadtoberen an Rhein und Ruhr über die zunehmenden Lasten durch Migranten – und das auch weit über die Parteigrenzen hinaus. Duisburgs Oberbürgermeister Sören Link (SPD) eckte im Sommer 2018 mit harschen Tönen bei den Bundesgenossen im Willy-Brandt-Haus an. Link forderte mehr Hilfen aus Berlin und eine schnelle Abschiebung ausreisepflichtiger Migranten.

»Unsere Anstrengungen, die Menschen hier zu
kosten Geld. Zum Beispiel für Wohnen, Bildun
Wir bleiben in Duisburg pro Jahr auf 35 Millionen Eu
für die Unterbringung dieser Menschen sitzen«, monierte de Rathauschef.[17] Auf Dauer könne sich eine Kommune wie Duisburg, die auch noch unter Haushaltsnotstand stehe, diese Ausgaben nicht leisten. Einzige Alternative: anderswo sparen.

»Das aber wäre mit Blick auf die Akzeptanz von Zuwanderung fatal«, führte der Oberbürgermeister aus. »Wir brauchen deswegen dringend die Kostenübernahme durch den Bund. Wir brauchen aber auch bessere Verfahren, damit Menschen, die kein Recht auf Asyl haben, schneller zurückgeschickt werden und wir unsere Kraft für die einsetzen können, die eine Bleibeperspektive haben.«

Da kommen wir zum nächsten Punkt: Essens Sozialdezernent denkt angesichts der Situation in Syrien über die Verstärkung der Ausreise- und Perspektivberatung für Geflüchtete nach. Viele wissen gar nicht, welche Unterstützung nebst finanziellen Hilfen es gibt, doziert Renzel. Zugleich schränkt er ein, dass »Experten bereits jetzt voraussagen, dass ein großer Teil der Menschen hierbleiben wollen«.

Die Lage erinnert an die 80er-Jahre. Damals hatten auch alle gedacht, dass die türkischen Gastarbeiter nach Hause zurückkehren wollten. Aber viele sind geblieben, und wir haben nicht genügend getan, um sie alle richtig zu integrieren. Vielmehr schaute man zu in der Hoffnung, dass sich das Problem von selbst lösen würde.

Die neuen Stadtväter denken da anders. Allein die finanziellen Spielräume lassen keine großen Schritte zu. Durch kommunale Vermittlungssysteme ist es den Essenern gelungen, gut 7000 Flüchtlinge aus Syrien und anderen Nicht-EU-Staaten in Wohnungen unterzubringen. Und wo? Natürlich in den ärmeren Quartieren im Norden und Osten und weniger im begüterten Süden. Aber den Stadtverwaltern bleibt angesichts der sozialen Problemlagen und dem pekuniären Wohnraumgefälle nichts anderes übrig. Wie heißt es so schön: Friss oder stirb.

Ein weiteres Problem macht vielen Stadtoberen in NRW zu schaffen. Viele Flüchtlinge verließen die ihnen zugewiesenen Orte in Ostdeutschland oder Bayern und zogen weiter in die vergleichsweise billigen Ruhrstädte. Die Bundeszuweisungen für die Migranten aber behielten die anderen Bundesländer. Oberbürgermeister wie Gelsenkirchens Stadtchef Frank Baranowski (SPD) fühlen sich von Land und Bund alleingelassen. Von den 430 Millionen Euro, die Berlin den NRW-Kommunen für die Eingliederung der Migranten zugewiesen hat, gibt die jetzige schwarz-gelbe Landesregierung nur ein Viertel an die Kommunen weiter. Im Flüchtlingshotspot Gelsenkirchen landen gerade Mal 1,5 Millionen Euro. »Viel zu wenig, um Kinder in speziellen Klassen zu beschulen oder diese ausländischen Familien zu integrieren«, heißt es im Rathaus.

Ähnlich gestalten sich die Schwierigkeiten rund um jene Zuwanderer, die eigentlich ausreisen müssten. Für diese Menschen entfallen jegliche Bundesmittel.

Laar, ein Stadtteil der alten Malochermetropole Duisburg, der den Autofahrer mit dem netten Schild empfängt: »Laar am Rhein ist lebenswert.« Der Mensch, der dieses Plakat am Ortseingang aufgehängt hat, muss ein Witzbold sein. Links ab in die Thomasstraße tauchen die ersten maroden Mietshäuser auf. Es geht weiter durch einen baulichen Torso, unterbrochen von ein paar einigermaßen erhaltenen Gebäuden. Zusätzlich riegelt Gevatter Rhein das Viertel ab. Dann rollt mein Wagen zurück zur Friedrich-Ebert-Straße, der einstigen Parademeile. Zunächst fällt das große Büro der Union Internationaler Demokraten[18] ins Blickfeld, einer Lobby-Organisation der Erdoğan-Partei AKP. Ein paar Hundert Meter weiter stehen Schrottimmobilien. Hier wie in vielen anderen Elendsquartieren ziehen zwielichtige Geschäftemacher die Strippen. Sie kaufen in den Billigvierteln abbruchreife Mehrfamilienhäuser auf, richten sie notdürftig her und belegen sie bis unters Dach mit Armutsflüchtlingen vom Balkan. Zugleich zocken sie die Sozialbehörden und den Fiskus mit ihren krummen Methoden ab.

Ali K., 51, entwickelte eine brillante Geschäftsidee: Mit zwei Komplizen gründete er etliche Scheinfirmen in Essen. Im großen Stil heuerte der Geschäftemacher rumänische Zuwanderer an. Die Beschäftigten, meist Roma, arbeiteten offiziell auf dem Bau oder im Winterdienst.

Tatsächlich war das ganze System auf organisierten Sozialbetrug angelegt: In der Realität gab es gar keine Arbeit. Die Belegschaft war nur zum Schein angestellt und musste monatlich 400 Euro von ihren Einkünften aus Schwarzarbeit oder den Aufstockerzuwendungen aus dem Jobcenter an die Firmeninhaber abführen.

Der angebliche Lohn fiel gering aus, doch der Arbeitsvertrag legitimierte die achtzig angestellten Rumänen, beim städtischen Jobcenter Aufstockerzuschüsse zu kassieren.

Außerdem wurden 150 Euro für die monatliche Lohnbescheinigung fällig oder die Meldeadresse in einer der Schrottimmobilien des Bandenchefs. Denn viele der Rumänen reisten mit ihren Familien wieder zurück in die Heimat, kassierten aber weiterhin Kindergeld. Zumindest auf dem Papier, denn die Gelder liefen teils über Konten der Betrüger-Connection, die einen Teil der Staatsknete vereinnahmte.

Ende November 2017 wurde Ali K. zu fünf Jahren und drei Monaten verurteilt. Den Schaden bezifferte das Landgericht auf eine Million Euro.

Organisierter Sozialbetrug mithilfe rumänischer und bulgarischer EU-Bürger macht den Ruhrmetropolen schwer zu schaffen. Seitdem Brüssel 2014 den neuen Mitgliedstaaten vom Balkan den europaweiten Status der Arbeitnehmerfreizügigkeit zubilligte, nehmen Banden die Stadtkassen aus.

Im Kampf gegen das organisierte Verbrechen schwärmen Ordnungsämter, Steuerfahnder, Zollbeamte, Mitarbeiter der Agentur für Arbeit nebst Polizei immer häufiger zu Razzien auf der Ruhrschiene aus.

Bei einer Kontrolle im Herbst 2018 etwa wurden in Essen nach Angaben einer Stadtsprecherin zwei Betriebe durchsucht, die Scheinarbeiter vom Balkan beschäftigen sollen. Tage zuvor erst förderten Kontrollen massiven Sozialhilfemissbrauch in einem heruntergekommenen Wohnhaus zutage. Von den 110 Personen, die angeblich dort gemeldet waren, lebte die Hälfte gar nicht dort.

Beinahe wöchentlich ziehen städtische Mitarbeiter aus dem Ordnungs-, Bau-, Jugendamt und vom Jobcenter durch die einschlägig bekannten Problemviertel in Essen oder dem

Dortmunder Norden. »Durch diese permanenten Nadelstiche wollen wir es den Geschäftemachern so ungemütlich wie möglich machen«, betont die Essener Stadtsprecherin Silke Lenz.[19] Ziel sind meist Schrottimmobilien oder dubiose Firmen. Nach dem Niedergang der Kohle- und Stahlindustrie sank die Bevölkerungszahl in Gelsenkirchen von 400.000 auf 263.000. Viele Wohnhäuser stehen leer und gehen bei Zwangsversteigerungen an Männer wie Ali K. Die Käufer zahlen meist nur eine Teilsumme an und können sich zwei Jahre Zeit lassen, den Rest zu begleichen. In dieser Zeit füllen sie die Häuser mit Familien aus Rumänien und Bulgarien. Zum Teil leben dort Hunderte Personen in Matratzenlagern oder werden in Wohnungen unter menschenunwürdigen Bedingungen eingepfercht. Die Mieten sind horrende. Die Bewohner können jederzeit auf der Straße landen, weil keine Mietverträge existieren. Sie haben keinerlei Rechte. An Brandschutz oder die Einhaltung anderer Sicherheitsbestimmungen ist nicht zu denken. Nachbarn beschweren sich über Gestank, Lärm und Diebstähle.

So machten Kontrolleure während einer solchen Razzia einen Wohntrakt in Duisburg-Meiderich dicht, in dem der Strom über illegal gelegte Leitungen abgezapft wurde. Die Flure waren völlig verdreckt, die Umgebung quoll über vor Müll. Seit einigen Jahren haben die kommunalen Behörden an der Ruhr den Sozialbetrügern den Kampf angesagt: Gelsenkirchen hat inzwischen nach eigenen Angaben dreißig Schrottimmobilien zugemacht oder aufgekauft.

Ein weiteres Beispiel für die Sozialabzocke soll noch angeführt werden. Vor einigen Jahren schnappten Duisburger

Fahnder im Problembezirk Hochfeld drei Männer und zwei Frauen, die gezielt kinderreiche Familien aus der Umgebung der rumänischen Stadt Brasov nach Deutschland schleusten. Die Gangster hatten die angeheuerten Familien in die Metropolen an Rhein und Ruhr gebracht und sie mit Gewalt zu Diebstählen, Schwarzarbeit und zum Betteln gezwungen. Sie brachten sie in maroden Quartieren unter, meldeten sie an und kassierten auch noch im Namen der Familien das Kindergeld.

Oft dirigieren Roma-Clanchefs in ihren rumänischen Villen den Menschenhandel aus den heimischen Elendsvierteln nach Westeuropa. Vor Ort wickeln jüngere Familienmitglieder die dubiosen Geschäfte ab. Sie verfügen über Kontovollmachten von Hartz-IV- oder Sozialhilfeempfängern und streichen die staatlichen Zuwendungen nebst Kindergeld ein. Die Gewinne transferieren die Banden über Western Union an ihre Bosse, die auf diese Weise die luxuriösen Anwesen finanzieren.

Besonders betroffen von den Machenschaften ist Duisburg. Und so scheute sich SPD-Oberbürgermeister Sören Link nicht, erneut die Alarmglocken zu läuten. »Die Bundesregierung verschläft dieses Problem, sie muss endlich was dagegen tun, dass es Armutsflüchtlinge in Europa gibt«, schimpfte der Rathauschef.[20] »Wir haben derzeit rund 19.000 Menschen aus Rumänien und Bulgarien in Duisburg, Sinti und Roma. Vor knapp sechs Jahren, 2012, hatten wir erst 6000.«

Offen monierte Link die desaströsen Zustände in seiner Stadt. Auch da war von kriminellen Schleppern die Rede, die gezielt Sinti und Roma nach Duisburg bringen würden und ihnen eine häufig heruntergekommene Wohnung verschafften, damit sie einen Wohnsitz hätten, der sie zum Bezug von Kindergeld berechtigt.

»Ich muss mich hier mit Menschen beschäftigen, die ganze Straßenzüge vermüllen und das Rattenproblem verschärfen. Das regt die Bürger auf«, kritisierte der SPD-Politiker.

Insbesondere empörte sich Link über den Betrug beim Kindergeld. Das widerspreche dem Sinn der europäischen Freizügigkeit, bilanzierte Duisburgs erster Bürger: »Denn diese Menschen kommen in erster Linie nicht hierher, um zu arbeiten.«

Manche der Balkan-Gangster arbeiten neuerdings auch mit kriminellen kurdisch-libanesischen Clans zusammen. Inzwischen beherrschen die Großfamilien ganze Straßenzüge und zeigen der Staatsmacht den gestreckten Mittelfinger entgegen. Das alles hat der Herausbildung einer Parallelgesellschaft Vorschub geleistet, die heute nur mit einem Riesenaufwand wieder aufzubrechen ist.

Miri, Omeirat, Remmo, El Zein: Diese Namen haben in der organisierten Unterwelt großes Gewicht bekommen. Mancher Arm reicht von der Spree über die Weser bis an die Ruhr und den Main. Das weitverzweigte Sippennetz verläuft vom südlichen Schweden über Deutschland, Belgien, die Niederlande bis zur Türkei und dem Libanon.

Die Ruhrschiene ist mittlerweile Clanland. Das Landeskriminalamt NRW zählt in seinem neuen Lagebericht zu dem Phänomen 104 Sippen in NRW. Nicht, dass jeder Angehörige kriminell wäre. Erfasst wurden inzwischen 6449 Tatverdächtige aus dem Milieu, die bis 2018 binnen zwei Jahren 14.225 Straftaten begangen haben sollen. Das Register umfasst Schutzgelderpressung,

Einbruch, Raubüberfall, Drogen- und Waffenhandel, Betrug mit Gebrauchtwagen oder bei KFZ-Versicherungen durch vorgetäuschte Unfälle, gewerbsmäßige Steuerhinterziehung, Geldwäsche, Produktion von Wasserpfeifentabak in illegalen Fabriken, Zigarettenschmuggel, Produktpiraterie bis hin zum Handel mit gefälschten Viagra-Pillen.

»Die Heimat ist der Clan«, erläutert Essens Polizeipräsident Frank Richter. »Der deutsche Staat mit seiner Werteordnung wird verachtet. Er gilt als schwach.«[21] NRW-Justizminister Peter Biesenbach (CDU) moniert, dass die Politik tatenlos zugesehen habe, wie sich »in den vergangenen dreißig Jahren kriminelle Strukturen« verfestigt hätten. »Es hat sich eine Parallelgesellschaft entwickelt«, pflichtet der Minister bei.

Machogehabe, Protzen mit dicken Schlitten, mangelnder Respekt vor der Ordnungsmacht, gepaart mit archaischen Wertebegriffen, an deren Spitze die Familie steht. Ein einfaches Gut-und-Böse-Denken beherrscht den abgeschotteten Clanorbit, der das schnelle Geld durch Straftaten verspricht. Wer »sich gerade macht« auf der Straße, genießt Ehre und Ruhm. Knastaufenthalte gelten als Auszeichnung.

Bei führenden Clans wie der El-Zein-Großfamilie handelt es sich um sogenannte Mhallamiye-Kurden, die aus der Türkei in den Libanon abwanderten. Vor dem Bürgerkrieg in Beirut flohen die Sippen nach Deutschland. Viele von ihnen galten als Staatenlose. Sie waren zwar geduldet, durften mangels Arbeitserlaubnis hierzulande allerdings nicht jobben. »Also nutzten sie ihre Clanstrukturen, um illegal Geld zu erwirtschaften«, erläutert Daniel Kretzschmar, Berliner Landesvorsitzender des Bundes Deutscher Kriminalbeamter (BDK).[22] Zu spät habe man erkannt, dass nur ein hoher Personaleinsatz das Phänomen der Organisierten Kriminalität stoppen könne. Zumal der Nachwuchs bereits von klein auf die Gangsterphilosophie mancher Familien vorgelebt bekommt.

So wie Clanspross Bilal H., der im syrischen Deir-Zor auf die Welt gekommen sein will. Dieser Umstand führt dazu, dass der Essener trotz seiner Straftaten immer wieder aufs Neue eine Duldung erhält. Die Ermittler verorten seinen Geburtsort indes in der libanesischen Hauptstadt Beirut. Nur beweisen können sie es nicht.

Seit seinem Amtsantritt 2017 forciert NRW-Innenminister Herbert Reul (CDU) eine »Null-Toleranz-Strategie« mit zahlreichen Razzien in claneigenen Shisha-Bars, Spielhallen, Imbissbuden, Lokalen bis hin zu Gewerbebetrieben oder Mietshäusern, die sich im Besitz der Großsippen befinden. Reul will über »die Politik der hundert Nadelstiche« die Lufthoheit im Ruhrgebiet zurückgewinnen. »Es ist eine Mammutaufgabe, den Clans das Handwerk zu legen«, bekennt der Minister.[23]

Dabei geht es vor allem um Großfamilien wie die Al-Zeins. Der Clan spielt an der Ruhr und an der Spree eine gewichtige Rolle. Mahmoud Al-Zein, einst der Pate von Berlin, im Jahr 2005 wegen Drogenhandels verurteilt zu vier Jahren und drei Monaten Haft, soll heute in Duisburg leben. Im Herbst 2018 feierte »El Presidente« die pompöse Hochzeit seiner Tochter in Mülheim/Ruhr. So groß wie die Gästeschar, so groß fiel auch die polizeiliche Begleitung aus. Zahlreiche weitere Bosse sollen anwesend gewesen sein.

Die Clans teilen den Einfluss untereinander auf. »Beinahe turnusmäßig treffen sich die Oberhäupter der wichtigsten

Familien in Düsseldorf, um ihre Geschäfte zu besprechen und ihre Territorien abzustecken«, berichtet ein hochrangiger Ermittler dem *Kölner Stadt-Anzeiger* am 19. März 2019.

In Essen etwa ist die Al-Zein-Sippe eine Macht. Wenn es mit der Polizei Ärger gibt, werden per Handytelefonkette umgehend einige Dutzend Clanbrüder herbeigerufen. Schnell entsteht ein Mob, der die Ordnungshüter beschimpft oder einzuschüchtern sucht. Geraten rivalisierende Familien aneinander, vermittelt eine Art Friedensrichter.

Das TV-Magazin Kontraste sprach Anfang August 2018 mit Jamal El-Zein. Der Mann gilt als moralische Instanz für Zigtausende Clanmitglieder. Nach seinen Worten hilft er dort, wo die hiesige Ordnungsmacht scheitert. »Weil wir die Angelegenheiten regeln können, die der Staat nicht lösen kann. Wenn ein, zwei Leichen auf den Boden fallen, klären wir das innerhalb von zwei Wochen. Zwei, drei, vier Wochen und wir lösen das! Wir sind doch eine Sippe, wir sind als Großfamilien unter uns.« Ohne dieses System der Paralleljustiz, erläutert der selbst ernannte Friedensstifter, ginge es weitaus brutaler zu. »Dann hätte es in Essen schon fünfzig Tote gegeben.«

Allzu oft aber gilt das Recht des Stärkeren. 2016 erschoss Mahmoud M., Mitglied des El-Kadi-Clans, einen 21-jährigen Widersacher in Essen auf offener Straße. Ein Akt der »Blutrache«, befand das Schwurgericht in seinem Urteil zu lebenslanger Freiheitsstrafe.

Im Jahr zuvor schoss Youssef H., alias Al-Zein, den Schwergewichtsboxer Manuel Charr in einer Essener Dönerbude in den Bauch. Ein Streit via Facebook war dem Attentat vorausgegangen. Charr überlebte durch eine Notoperation. Der Täter wurde zu fünf Jahren Haft verurteilt.

Die Al-Zeins stehen für spektakuläre Kriminalfälle – etwa den Überfall 2014 auf das Kaufhaus KaDeWe in Berlin, bei dem sie Luxusuhren und Schmuck im Wert von gut 800.000 Euro erbeuteten. Vier Jahre später hoben Zollfahnder eine illegale Wasserpfeifentabakfabrik in Langenfeld im Kreis Mettmann aus. Gut 36 Tonnen gepanschter Ware soll die Gang verschoben haben. Dabei wurde Rohtabak mit Aromastoffen und anderen Ingredienzien in einer Betonmischmaschine zusammengerührt. Mittels gefälschter Etiketten warf die Bande das Rauchzeug unter dem Top-Tabak-Label »Al Fakher« unversteuert auf den Schwarzmarkt. Seitdem Shisha-Bars allgegenwärtig sind, boomt auch das illegale Rauchwarengeschäft. Die Tabakpanscher soll das örtliche Oberhaupt der Al-Zein-Familie in Langenfeld gelenkt haben.

Mit der Herstellung auf dem familieneigenen Werksgelände sparte der Clan pro Kilo 40 Euro Tabaksteuer. »Da kommen hohe Gewinnspannen zusammen«, erläutert Oberstaatsanwalt Wolf-Tilman Baumert in Wuppertal.[24]

Wie andere Familien auch benutzt der El-Zein-Clan Dutzende Schreibweisen für seine Nachnamen, um die Ermittlungsarbeit zu erschweren. Bilal H. ist so ein Beispiel. Offiziell heißt er nicht El-Zein.

Bei der Essener Justiz wies der wuchtige Schläger, auch Pumpgun-Bilal genannt, eine lange Strafakte auf. In einem Vermerk plädierte ein Amtsrichter vor vier Jahren dafür, die Anklagen gegen ihn wegen Beleidigung, des Widerstands gegen Vollstreckungsbeamte, Bedrohung nebst vorsätzlicher

Körperverletzung nicht öffentlich zu verhandeln. Zu hoch erschien ihm das Sicherheitsrisiko durch Tumulte seitens des Angeklagten und seiner Familie im Gerichtssaal. Im Falle eines Prozesses seien wohl ein Dutzend Justizwachtmeister nebst Polizeiaufgebot nötig, »um eventuelle bedrohliche Situationen zum Nachteil der geladenen Zeugen, der Vertreterin der Staatsanwaltschaft oder auch des Gerichts zu unterbinden«[25].

Bilal H. kam mit einem Strafbefehl über siebeneinhalb Monate auf Bewährung davon. Mit der neuen Verurteilung hatte der Delinquent zwar gegen noch anhängige Bewährungsauflagen verstoßen, aber die Justiz ließ ihn großzügig auf freiem Fuß. Sein Bewährungshelfer stellte ihm trotz aller Rückfälle im Herbst 2016 sogar ein positives Zeugnis aus. Sicher, da gebe es noch drei offene Strafverfahren, so der Tenor, aber ansonsten »zeigt sich der Klient offen und zur Zusammenarbeit bereit«.

Die positive Sozialprognose schien eher ein Wunschtraum gewesen zu sein. Clanschläger stürmten Ende 2017 die Essener Teestube »Café Olympia«. Es ging um 5000 Euro Schutzgeld. Als der Besitzer nicht zahlen wollte, erfolgte die Attacke mit Schlagstöcken und Gaspistolen. Im Herbst 2018 hat die Staatsanwaltschaft zehn Schläger angeklagt, darunter auch »Pumpgun-Bilal«.

Stets aufs Neue betont Polizeipräsident Frank Richter, dass Essen zu den sichersten Städten der Republik gehört. Ein Blick in die Kriminalstatistik belegt seine Aussage. Bei der Frage nach einem Nord-Süd-Gefälle muss Essens oberster Ordnungshüter allerdings Unterschiede einräumen. Natürlich sei das Kriminalitätsaufkommen im Norden und Osten der Stadt weitaus höher als im reichen Süden. So ist es in den meisten

Kommunen entlang der Ruhr. Verfehlte Integration, Armut, Kriminalität sorgen für ein höchst wechselhaftes Stadtbild.

Gerade der Essener Norden leidet unter dieser Entwicklung: Wo sich früher die Kumpels und Viertelbewohner in der Kneipe an der Ecke zum Feierabendbier trafen, die Frauen den neuesten Klatsch austauschten, die Ortsverbände der Parteien im Hinterzimmer tagten, herrscht heute tote Hose.

In Essen-Karnap hat längst die letzte Gaststätte zugemacht, das Gebäude haben Geschäftemacher aufgekauft, die hier eine neue Massenunterkunft für Zuwanderer errichten wollen. Auch am Marktplatz haben Clans eine Wohnanlage gekauft. Wer sich dem Komplex nähert, muss sich unfreundliche Fragen gefallen lassen. Journalisten werden bedroht, wenn sie Fotos machen wollen. An der Grundschule warten mittags voll verschleierte Frauen auf ihre Kinder und begleiten sie nach Hause. Streng religiöse islamische Kreise haben sich hier längst etabliert.

Da passt es auch, dass junge Muslime zwischen Duisburg und Dortmund sich zunehmend zum radikal-islamischen Salafismus hinwenden. Jeder Dritte der 11.500 Islamisten in Deutschland kommt aus NRW. Neben Bonn, Düsseldorf und Köln zählen Essen, Duisburg, Herne und Dortmund zu den Hochburgen radikaler Umtriebe. In salafistischen Kreisen scheint der Hass auf die Kuffar, die Ungläubigen, zu wachsen.

Anis Amri, der Lkw-Attentäter vom Berliner Breitscheidplatz, der zwölf Menschen ermordet hat, schulte sich in der Doktrin des »Heiligen Krieges«, des Dschihad, in geheimen Koranschulen (Madrassa) in Dortmund und Duisburg.

Drei junge Eiferer um den seinerzeit 17-jährigen Yusuf T. verübten vor lauter Hass auf Andersdenkende im April 2016 einen Anschlag auf einen Sikh-Tempel in Essen. Später plante einer der Komplizen noch einen Sprengstoffanschlag auf das zentrale Essener Einkaufszentrum. Fanatiker, gewiss. Verblendete Idioten, d'accord. Und doch gibt einem die räumliche Nähe zu denken.

Was wächst da auf unserem alten Kohleboden heran, wieso fruchtet der radikale Wahnsinn jener Hassprediger der Terrormiliz »Islamischer Staat« (IS) oder von al-Kaida hier bei uns in Essen? Zufall? Oder fügen sich diese Geschehnisse in eine ganze Reihe fehlerhafter Integrationsentwicklungen, die sich am Ende gegen unsere demokratische Gesellschaft wenden?

An diesem Punkt finde ich noch keine abschließende Antwort. Da bin ich ehrlich. Zumindest aber sollte man dieses Phänomen im Auge behalten. Zahlreiche Indizien deuten darauf hin, dass radikale Lehren nur bei Menschen fruchten, die entweder wegen ihres Glaubens, ihrer Herkunft oder aufgrund ihrer labilen Gemütsverfassung dafür empfänglich sind.

Häufig fühlen sie sich ausgestoßen, missverstanden durch ihre Umwelt. Am Ende lässt die Dschihad-Propaganda im Internet und den sozialen Netzwerken diese Leute endgültig vom Tod als Märtyrer (Shahid) zum Ruhme Allahs träumen. Das mag simpel klingen.

Wer aber würde im Ernst daran glauben, dass ein Ende als Selbstmordattentäter für den IS direkt ins Paradies zu 72 Jungfrauen führt? Kein normaler Mensch.

Dennoch bombten sich Dutzende militanter Salafisten aus dem Ruhrgebiet in Syrien und dem Irak seit 2014 in den Tod oder starben bei Gefechten. Etliche Dschihadisten sitzen nach dem Niedergang inzwischen mit ihren Familien in kurdischen

Gefangenenlagern in Syrien und im Irak fest, meist desillusioniert vom Kampf für den islamischen Gottesstaat, ein weltumfassendes Kalifat, in dem einzig die völlig antiquierte Scharia herrschen sollte.

Dieser Ausflug in die extremen Winkel des Ruhrgebietes zeigt eindringlich, dass die vielfach propagierte Integration zumindest in diesen Bereichen völlig misslungen ist. Welche Weichenstellungen sind hier schiefgelaufen? Was kann man daraus lernen? Die Ignoranz, mit der die Regierenden in Berlin die Städte im Revier alleinelassen, nenne ich jedenfalls fahrlässig. Die Politik muss eine Balance in der Zuwanderungsfrage finden. Es geht darum, klipp und klar zu sagen: So viele Menschen können wir in Essen und anderswo integrieren und mehr nicht.

Kapitel 8

Willkommen im Revier der armen Alten

Er kommt jeden Montag. Punkt 10:30 Uhr steht Peter Fischer, 66, an der Pforte unserer Essener Tafel am ehemaligen Wasserturm. Da kannst du die Uhr nach stellen. Fischer ist die Pünktlichkeit in Person. So wie viele andere bedürftige Rentner und Rentnerinnen, die sich schon lange vor der Ausgabezeit gegen 12:30 Uhr zum Schwätzchen einfinden.

An jenem Montag im März 2019 ist das Wetter äußerst ungemütlich. Regen wechselt sich mit wenigen Sonnenstrahlen ab. Doch Fischer und seine Bekannten hält das nicht ab zu erzählen, zu plauschen oder Dönekes aufzutischen.

Im Laufe der Jahre haben die älteren Tafel-Dauerkunden um Fischer eine Art Geburtstagskreis aufgemacht. Männer und Frauen aus der Runde treffen sich auch außerhalb der montäglichen Ausgabezeiten, telefonieren, tratschen. An besonderen Tagen wird zugunsten des jeweiligen Jubilars in der Gruppe für ein Geschenk zusammengelegt.

»Da gibt dich jeder aus der Runde 2,50 Euro«, erzählt Fischer in herrlich feinem Ruhrdialekt, den ich auch nicht toppen könnte. 2,50 Euro, das reicht heute oft nicht mal mehr für eine Currywurst.

Für uns Normalverdiener sind solche Beträge nicht der Rede wert. Ich gebe schon allein fürs Parken in der Innenstadt mehr aus. Ein paar Brötchen und schon haste drei Euro auf der Uhr. Auch kein Problem für unsereins.

Für Peter Fischer schon. Der 66-jährige Rentner muss jeden Cent im Monat gleich drei Mal umdrehen. Da stellen 2,50 Euro als Geschenkeobolus einen enormen Luxus dar. »Große Sprünge sind mit meiner mickrigen Rente nich drin«, schildert der knorrige Ruheständler seine Lage. Mittelgroß, die Pudelmütze auf dem Kopf, die Nase ein wenig schräg eingedrückt, so wie bei einem ehemaligen Boxer, sitzt er mit seinem Kumpel Herbert Paul an jenem Montag später bei mir im Büro.

Nachher gesellt sich noch Jutta Mortzek, 61, hinzu. Die Männer wollen nicht mit ihren richtigen Namen genannt werden, sondern anonym bleiben. Die Scham spielt eine nicht zu unterschätzende Rolle. Jutta Mortzek hingegen hegt keine Bedenken. »Wofür soll ich mich schämen?«, fragt die Frührentnerin angriffslustig.

Und so sitzen wir vier zusammen und reden über die Probleme, die ein Leben im unteren Drittel der Gesellschaft mit sich bringt. Ich will noch mal wissen, warum sie zur Tafel kommen, wie sie sich dabei fühlen, welche Probleme am meisten drücken. Es geht offen zu. Keine falsche Scheu, kein Jammern. Eher nüchtern schildern sie ihr Schicksal, das an Hunderttausende andere alte Menschen hierzulande erinnert.

Arm, alt und desillusioniert – auf diesen Nenner könnte man ihre Schilderungen bringen. Fischer kommt seit zehn Jahren zur Tafel. Zuvor hatte er über Jahrzehnte malocht, zunächst als Angestellter, dann als Unternehmer, der in

Hochzeiten als Franchisenehmer 1200 Kunden mit Tiefkühlkost belieferte.

Mit 55 Jahren dann veränderte ein Schlaganfall sein Leben von heute auf morgen. Nichts ging mehr. Halbseitig gelähmt, musste er erst einmal wieder das Laufen lernen. Sein Augenlicht verschlechterte sich derart, dass er seinen Führerschein abgeben musste. Das kleine, aber auskömmliche Unternehmen ging schnell den Bach herunter. Peter Fischer wurde zum Sozialfall. »Wo willse denn mit Mitte fünfzig noch mal 'ne Arbeit finden?« Fragt's und schaut dich ernst an.

Fischer zählt zu jenen Senioren, die als armutsgefährdet gelten. Die Bundeszentrale für Politische Bildung bezifferte die Quote für das Jahr 2016 in einer Expertise auf 17 Prozent.[26] Das heißt, knapp jedem sechsten Rentner hierzulande droht ein Leben am Existenzminimum.

Im Fall Fischers jedoch trügt die Statistik. Mit seiner Rente kommt der Ex-Unternehmer kaum über die Runden. Das hat seinen einfachen Grund: Mit 901,49 Euro im Monat liegt Fischer knapp über dem Satz für die Grundsicherung. Quasi dem Hartz-IV für Rentner, der staatlichen Stütze für mittellose Senioren. Diese Trennungslinie unterteilt das Prekariat alter Menschen in dieser Republik nochmals in zwei Unterklassen: in jene, die staatliche Grundsicherung bekommen, und jene, die wie Peter Fischer keine Hilfe der öffentlichen Hand erhalten. Im Gegensatz zu den Grundsicherungsempfängern muss der Rentner alles selbst bezahlen, die Miete, die Krankenversicherung, die Nebenkosten etc. etc.

Weil Fischer nirgends als Bezieher von Grundsicherung im Alter auftaucht, existieren auch keine konkreten Daten über ihn. Fischer gibt es nur in jener Rubrik, die alle Menschen bis zu einem Einkommen von 1096 Euro listet. Dort ist von Armutsgefährdung die Rede, weiter nichts. Es wird nicht aufgedröselt, wie viele dank eigener Immobilien oder zusätzlicher Altersvorsorge von ihren Einkünften leben können oder nicht.

Insofern zählt Peter Fischer nicht explizit zu den armen, alten Deutschen, obschon er de facto genau das ist. Fischer hat einfach Pech gehabt, dass er ein wenig zu viel aus dem Topf der Deutschen Rentenversicherung erhält. Er ist daher beim Bundesamt für Statistik nicht in der Rubrik für bedürftige Senioren gelistet. Immer noch können manche Politiker den Thesen wachsender Altersarmut unter Berufung auf lückenhafte staatliche Statistiken widersprechen und manche Kolumnisten dazu noch Beifall klatschen. Frei nach dem Motto: »Iss ja alles gar nicht so dramatisch.« Folglich überwiegt vielerorts die Mär, dass die Warnungen vor zunehmender Altersarmut allein durch Sozialverbände wie den VDK unnötig aufgebauscht werden. Erneut kleistert die Politik wider besseres Wissen wachsende Risse im Rentengefüge mit wohlmeinenden Sprüchen zu.

Wer einmal einem dieser Menschen wie Peter Fischer in die Augen gesehen hat, der weiß genau um ihre Bedürfnisse, um ihre Not, um ihren täglichen Kampf, ein menschenwürdiges Dasein in einer Gesellschaft zu führen, die in großen Teilen im Überfluss lebt.

Der weiß aber auch, wie paradox unser soziales System mit alten, bedürftigen Frauen und Männern umgeht. Lägen Fischers Einkünfte circa 150 Euro niedriger, so würde er sich insgesamt besserstellen. Dann hätte der Ex-Unternehmer Anspruch auf

Grundsicherung für Senioren. Der Staat würde für seine Miete aufkommen, für einen Teil der Nebenkosten und auch die Krankenkassenbeiträge übernehmen.

»So aber musse alles selbst zahlen«, sagt Fischer und schaut versonnen aus dem Fenster, als suche er dort am Horizont einen Ausweg aus der Not. Denn seine Rente wird auf die Hartz-IV-Bezüge seiner Ehefrau angerechnet, sodass das Ehepaar auch dort Abzüge in Kauf nehmen muss.

Wie ein Repetiergewehr rattert der Essener aus dem Gedächtnis die Zahlen der monatlichen Fixkosten herunter: 520 Euro Miete, satte 160 Euro Energiekosten nebst Krankenkasse, 19,95 Euro Telefon. Bleiben für beide Eheleute 300 Euro pro Monat zum Leben. Knapp zehn Euro pro Tag.

Das ist noch üppig im Vergleich zu manch anderen Tafelkunden, die mit der Hälfte des Betrages zurechtkommen müssen. Jutta Mortzek verfügt über gerade mal 100 Euro monatlich nach Abzug aller festen Ausgaben. Deshalb also der Gang zur Tafel.

»Ohne die wäre es schwierig, gerade wenn es um Obst oder Gemüse geht, das ist echt teuer geworden«, erläutert die Seniorin mit ihrer knarzigen Stimme.

Willkommen im Revier der armen Alten! Inzwischen hat fast jeder vierte Kunde der Tafeln das Rentenalter erreicht. Die Zahl der registrierten bedürftigen Senioren hat sich binnen zehn Jahren bundesweit auf 350.000 verdoppelt.

Das statistische Landesamt in Nordrhein-Westfalen meldete am 9. Mai 2019 einen neuen Höchststand für das vergangene Jahr: Demnach beziehen 151.000 Frauen und Männer Grundsicherung im Alter. Dies bedeutet einen Zuwachs um 14 Prozent seit Ende 2013.

Tatsächlich aber dürfte die Quote der bedürftigen Senioren und Seniorinnen weitaus höher ausfallen. Viele alte Leute schämen sich, das Sozialamt aufzusuchen. Ohne amtlichen Armenbescheid aber können diese Rentner und Rentnerinnen nicht zu uns kommen.

Bei der Essener Tafel liegt die Rate der älteren Kunden ungleich höher als im Bundesdurchschnitt. Gut jeder dritte Abholer zählt zur Generation 65 plus oder fristet krankheitsbedingt das Dasein als Frührentner mit gekappten Bezügen.

Oft reicht es hinten und vorne nicht. Meist fehlen die Mittel, um sich mal mit Freunden im Café zu treffen. Ganz zu schweigen vom Zoobesuch mit den Enkeln oder einem Ausflug ins Grüne. Armut im Alter führt viele bedürftige Rentner und Rentnerinnen geradewegs hinein in die Einsamkeit. Manchmal reicht das Geld am Monatsende nicht einmal für den Einkauf beim Discounter. Meine Oma begann in den 50er-Jahren bereits im August für die Weihnachtsgeschenke der Familie zu sparen. Dafür wurde die ohnehin schon dünne Gemüsesuppe noch um einen Tag verlängert. Heutzutage geht es mitunter ähnlich zu.

Geht der Kühlschrank oder der Herd kaputt, wird es schwierig. Eine neue Brille ist praktisch unerschwinglich, und der Gang zum Apotheker muss wegen der Zuzahlung zu den Medikamenten aufgeschoben werden. Ich kenne Leute, die essen ihre Würstchen kalt, um Strom zu sparen. Manche stellen nur dann die Heizung an, wenn es draußen Minusgrade hat. In Deutschland gelten knapp 18 Prozent der Rentner als arm oder armutsgefährdet. Ein skandalöser Zustand für eines der reichsten Länder der Erde.

Finanzielle Notlagen betreffen insbesondere ältere Frauen. Laut dem Statistischen Bundesamt droht 20 Prozent der Ruheständlerinnen über 65 der Absturz in prekäre Verhältnisse. Bei gleichaltrigen Männern sind es nur 15 Prozent. Die Ursache liegt darin, dass Frauen im Schnitt nur halb so viel Geld aus der gesetzlichen Rentenkasse erhalten wie die Männer. Die Gründe sind häufig dieselben. Viele Senioren und Seniorinnen haben jahrzehntelang in Niedriglohnsektoren wie beispielsweise der Gastronomie gearbeitet.

Oft hängt der soziale Abstieg aus gutbürgerlichen Verhältnissen mit einer gescheiterten Ehe zusammen. Auf der Tafel begegne ich Rentnerinnen, die lange Jahre die Kinder großgezogen haben oder höchstens in Teilzeit gearbeitet haben, während ihr Partner voll berufstätig war und das Geld nach Hause brachte. Manchmal haben diese Frauen aber auch noch im Familienunternehmen mitgearbeitet. Wenn dann die Firma pleiteging oder aber der Mann seinen Job verlor, zerbrach die heile Welt.

Dann gibt es auch die Fälle, dass der werte Gatte eine neue Beziehung anfing und seine Frau mit den Kindern alleineließ. Schließlich blieb der Familienernährer den Unterhalt schuldig. Sollte die Olle doch sehen, wie sie mit den Blagen klarkam. Nach der Trennung fand die Verlassene mit Mitte vierzig kaum noch eine Arbeit. Und wenn, dann war die Tätigkeit schlecht bezahlt. Folglich blieb meist nur Hartz IV.

Das alles sind keine Einzelfälle, sie kommen häufig vor. Die Verlierer der alten familialen Rollenmuster sind die Frauen. Jede fünfte allein lebende Rentnerin muss laut dem Bundesamt für Statistik mit weniger als 900 Euro monatlich auskommen.

Jutta Mortzek lebt allein zu Hause im Essener Westen. Ihr Lichtblick heißt Piccacio. Der Name stammt von einer der Pokémon-Figuren. Seit zwanzig Jahren ist der Jack Russell Terrier ihr Begleiter. Damit hat er ein stolzes Alter erreicht.

Nachts geht die Seniorin mit ihrem kleinen Hund zum Angeln ans Ruhrufer. »Da ist es dann ruhig, der Himmel sternenklar, das ist wie der Urlaub, den ich mir nicht leisten kann.« Wels, Hecht und Aale holt sie aus dem Fluss. Eine willkommene Abwechslung auf dem Speiseplan. Die Aale nimmt sie aus und räuchert sie mit einem einfachen selbst gebauten System unten im Keller des Mietshauses, in dem sie wohnt.

Sie hat sich und ihre Kinder lange Zeit mit Putzjobs über Wasser gehalten, hat alte Menschen gepflegt. Heute bekommt sie monatlich 700 Euro plus Grundsicherung im Alter. Ihr Ex-Mann arbeitete bei Thyssenkrupp und fuhr am Wochenende Taxi.

»Nach 45 Jahren Arbeit hat der gerade mal 1100 Euro, das ist doch ein Witz«, schimpft die streitbare Ruheständlerin.

Jutta Mortzek wurde bereits mit Anfang fünfzig zum Sozialfall. Erst erlitt sie einen Schlaganfall, dann folgten ein Bandscheibenvorfall nebst einem veritablen Hüftschaden. Auch hört sie nur noch schlecht. »Bei mir iss alles Baustelle«, kalauert die Essenerin.

Jeden Montag schleppt sie sich mit dem Rollator zur Tafel. »Wenn es die nicht gäbe, wäre das ein großer Einschnitt für mich.« Zuletzt hat die Tafel ihr einen kleineren Schiebewagen für die Wohnung geschenkt. Denn jeder Schritt bringt ihr neue Schmerzen. Aber ganz gleich, ob es regnet, schneit oder die Sonne scheint – Jutta Mortzek steht am Wochenanfang bereits einige Stunden vor der Lebensmittelausgabe in der Schlange für behinderte alte Menschen.

Ihr Schicksal passt haargenau in die Analyse für bedürftige Alleinstehende im Alter. Laut einer Studie der Bertelsmann Stiftung aus dem Jahr 2017 liegt die Armutsgrenze bei 958 Euro.[27] Jutta Mortzek liegt mit ihren Einkünften weit darunter.

Der Analyse zufolge bewegen sich die Indikatoren für die Not im Alter zusehends nach oben. Das Risiko erhöht sich für Neurentner von derzeit 16,2 Prozent auf 20,2 Prozent ab 2030. Besonders betroffen sind Langzeitarbeitslose, Niedriglöhner, gescheiterte Selbstständige und alleinstehende Frauen.

Auch wird die Armutsrate dank der geburtenstarken Jahrgänge, die langsam, aber sicher das Rentenalter erreichen, enorm zunehmen. Im Jahr 2036, so die Prognose der Bertelsmann-Expertise, wird fast jede dritte alleinstehende Frau im Alter von 67 Jahren auf staatliche Hilfen angewiesen sein, gerade auch an Rhein und Ruhr. Zählten die Statistiker Ende 2015 noch 137.000 Grundsicherungsempfänger im Alter, so verdoppelte sich die Rate zwei Jahre später. Bundesweit hält NRW mit 26 Prozent den Spitzenplatz deutlich vor Bayern auf Rang zwei mit zwölf Prozent.

Köln, Düsseldorf und das Ruhrgebiet gelten, was die Generation 65 plus angeht, als die Armenhäuser der Republik. In Dortmund etwa wird die Rate jener Senioren, die nur eine Minirente erhalten, in den kommenden Jahrzehnten extrem wachsen. Nach Berechnungen der Gewerkschaft Nahrung-Genuss-Gaststätten würden 113.000 Arbeitnehmer in der Westfalen-Metropole mit ihren Alterseinkünften unter dem Existenzminimum leben. Und das nach 45 Berufsjahren. Heißt:

Diese Menschen hätten weniger als 789 Euro monatlich an Rente, weil sie für einen Appel und ein Ei gearbeitet haben. Die neue Mindestlohnregelung ändert daran gar nichts. Meiner Meinung nach führt der aktuelle gesetzliche Mindestsatz von 9,19 Euro pro Stunde direkt in die Altersarmut.

Gewiss springt in diesen Fällen der Staat mit der Grundsicherung in die Bresche. Aber wie demütigend muss es für die Betroffenen sein, am Ende eines arbeitsreichen Lebens auf die Zuwendung der öffentlichen Hand angewiesen zu sein. Noch mal: 45 Jahre gearbeitet und am Ende nix in der Tasche.

Deshalb findet die Idee einer garantierten Grundrente bei mir offene Ohren. Oder aber wir erhöhen den Mindestlohn auf 15 Euro die Stunde. Eins von beiden. Ansonsten wird das Problem zukünftig noch zunehmen. Und wir wollen ja nicht vergessen, dass angesichts des demografischen Wandels und der zunehmenden Vergreisung unserer Gesellschaft die Seniorenstimme an der Wahlurne mehr Gewicht erhält.

Da hilft es wahrlich nicht, wenn die Wirtschaft und manche Finanzpolitiker der FDP und der CDU immer jammern, dass sei alles viel zu teuer und nicht finanzierbar. Dann sollten sie gerne mal bei uns vorbeischauen und sich die Meinungen der Leute anhören und die Not anschauen. Vielleicht würde das zum Verständnis beitragen, was es für Menschen wie Peter Fischer bedeutet, nach jahrzehntelanger Maloche auf dem Abstellgleis gelandet und auf Lebensmittel von unserer Tafel angewiesen zu sein.

Und gleich neben den armen Rentnern stehen syrische Flüchtlingsfamilien mit mehreren Kindern, die mir ihren staatlichen Hartz-IV-Bescheid in die Hand drücken.

Viele Senioren, die unsere Hilfe in Anspruch nehmen, haben jahrzehntelang geackert und stehen im Alter mit denselben Bezügen da wie Tafel-Nutzer, die komplett auf staatliche Wohltätigkeit angewiesen sind, weil sie als Flüchtlinge ins Land kamen.

Das verstehen Menschen wie Jutta Mortzek nicht. Menschenrechtsfragen oder humanitäre Hilfe geraten in ihren Augen schnell in den Hintergrund, wenn im Portemonnaie stets Ebbe herrscht.

Diese alten Leute reflektieren nicht über das Schicksal ihres Gegenübers. Sie gewinnen vielmehr den Eindruck, dass plötzlich Milliardenbeträge zur Verfügung stehen, während sie immer noch am Existenzminimum herumknapsen müssen. »Für die ist genügend Kohle da, und was ist mit uns?« Diese Frage ist oft zu hören an unseren Ausgabestellen. Die Politiker warnen stets, arme Deutsche gegen bedürftige Zuwanderer auszuspielen.

Wer aber Jutta Mortzek zuhört, der weiß, dass solche Appelle wenig fruchten. Die Frührentnerin hadert mit ihrem Schicksal: »Die Frau Merkel hat diese Leute alle rübergeholt, das war ein großer Fehler, denn wir als arme deutsche Rentner müssen zusehen, wo wir bleiben, das geht doch gar nicht.« Dann aber winkt sie frustriert ab: »Wenn de wat dagegen sachst, kommse gleich in die ausländerfeindliche Ecke.«

Volkes Stimme. Unbequem gewiss. Dennoch handelt es sich um die Worte einer unzufriedenen alten Frau, die sich von den etablierten Parteien alleingelassen fühlt. Und wie Frau Mortzek denken viele ältere Tafel-Kunden.

Wie ist es möglich, dass der Bund im vergangenen Jahr 23 Milliarden in die Integration der Flüchtlinge stecken konnte?[28] Dass die Kommunen dringend benötigte Wohnungen für Migranten bauen, dass Schulen, Kindergärten finanziell unterstützt werden, um die Sprachbildung weiter zu fördern, dass mehr Lehrer eingestellt werden und wir die berufliche Ausbildung der Zuwanderer alimentieren in der Hoffnung, einen größeren Teil mittelfristig in Lohn und Brot bringen zu können? Wenn all das geht, warum kann man dann die bedürftige deutsche Oma nicht mit einer auskömmlichen Grundrente ausstatten? In solchen Fällen entsteht aus meiner Sicht ein schwer zu ertragendes Ungleichgewicht. Eine soziale Unwucht.

Ich weiß, da kommen alsbald die Kritiker, die sagen: »Der Sartor übernimmt das AfD-Geschwätz.« Diese Leute lade ich gerne zu mir ein, sich selbst ein Bild von unseren Rentnern und Rentnerinnen zu machen und sich ihre Meinung anzuhören. Es geht hier nicht um rechts oder links, es geht hier um arme alte deutsche Menschen, die meist keine politische Lobby besitzen.

Da gibt es keinen Flüchtlingsrat, der für ihre Rechte trommelt oder Multikulti-Polit-Romantiker, die sich heldenhaft dazwischenwerfen, sollte irgendjemand es wagen, die soziale Lage bedürftiger deutscher Bürger mit Flüchtlingsschicksalen zu vergleichen. Das ist tabu, rassistisch, ein No-Go.

Fragt man Leute wie den Tafel-Rentner Peter Fischer, wen er das nächste Mal wählen würde, da müsste man sich erst einmal eine Stunde Zeit nehmen, um all seinen Unmut »über die da oben« über sich ergehen zu lassen. »Aber«, winkt er dann ab, »lass man, hilft ja eh nix.«

Seine Bekannte Jutta Mortzek ist da offener. »Ich habe bei der letzten Bundestagswahl AfD gewählt«, gibt sie freimütig zu.

Früher hat die Frührentnerin für die SPD und später dann auch für die Grünen votiert: »Ich habe gedacht, die tun was für uns arme Senioren, aber da kam nix.« Also dieses Mal Protestwahl, wenn man es so deuten möchte. Jutta Mortzek zumindest spricht von ihrem letzten oder vielleicht auch vorletzten Versuch als mündiger Bürger, ihre Volksvertreter zu bestimmen.

»Man weiß ja eigentlich gar nicht mehr, wen man überhaupt noch wählen kann«, schnauzt sie daher.

Peter Fischer nickt nur zustimmend. Allerdings will er sich nun bald verabschieden. Die Pflicht ruft. Es geht auf 12:30 Uhr zu: Ausgabetermin. Er und seine Frau können vom Tafeltisch einige Tage in der Woche leben. Der alteingesessene Essener hadert nicht so sehr mit seinem Schicksal, vielmehr versucht er das Beste draus zu machen. Montags zur Tafel: Den Beutel mit 20 Kilogramm trägt er tapfer nach Hause. An diesem Tag gibt es auch Spargel. »Ohne die Tafel könnt ich mir so wat nich leisten«, bekennt Fischer.

Der Rest seiner Woche erinnert an das alte Jäger-und Sammler-Prinzip. Peter Fischer studiert häufig die Schnäppchenangebote der Discounter. Zuletzt gab es bei Penny ein Kilogramm Hähnchenschenkel für 1,50 Euro. »Da flitzte gleich am Morgen hin«, grinst der Rentner. Das Schicksal der in Massenproduktion gezüchteten Tiere ist ihm gleich. Biofleisch kann er sich ohnehin nicht leisten. Aber so ein im Ofen gegrillter Hühnerschenkel sollte doch auch für ihn drin sein.

Sein Bekannter Herbert Paul sitzt ruhig daneben. Einem Buddha gleich verfolgt er beinahe regungslos die Ausführungen seines Kumpels. Mitunter nickt er zustimmend mit dem Kopf. Schließlich ist es an ihm zu erzählen.

Der 62-jährige Handwerker besaß lange Zeit eine Firma für Messebau. »Dann aber trieb mich die Scheidung von meiner Ehefrau in den finanziellen Ruin«, berichtet der Ex-Unternehmer in nüchternem Ton. Gut die Hälfte seiner Habe und seiner Vermögenswerte musste er abgeben. Die Firma blutete finanziell aus. Zudem baute Paul in jener Zeit einen schlimmen Unfall, der ihm den Rest gab. Das Ende lautete: Hartz IV.

»Besonders am Anfang fiel die Umstellung kolossal schwer«, erinnert sich Paul. Wo früher 50 Euro kein Problem waren, schaut er heute gleich mehrfach in sein Portemonnaie, um ein paar Münzen für Brot zu erübrigen. Meist sind es die Schnitten von gestern. »Ist billiger«, sagt Paul.

Mitunter bessert er mit einem Ein-Euro-Job als Hausmeister bei einer evangelischen Kirchengemeinde seine schmalen Einkünfte auf. Ein Sozialfall bis zum Lebensende, so scheint es. Wäre da nicht das neue »Teilhabechancengesetz«, das die Bundesregierung Anfang 2019 aufgelegt hat. Sollte ein Arbeitgeber Langzeitarbeitslose wie Paul einstellen, übernimmt der Staat für die ersten beiden Jahre den gesamten Lohn, für weitere drei Jahre verringern sich die Zuschüsse um jeweils zehn Prozent. Die Kirchengemeinde hat Paul vor diesem Hintergrund eine Festanstellung angeboten.

»Wenn das klappt, kann ich nicht mehr zur Tafel gehen«, brummelt der gebürtige Berliner, während er zu mir hinüberblickt. Ich nicke: »Stimmt, aber das ist doch viel besser so, oder willse weiter auffer Sozialmatte liegen?« Nein, will er nicht. Paul möchte noch etwas tun, etwas leisten. Der Mann sucht eine neue Chance, um sein Leben selbst zu bestimmen. Auch wenn der Handwerker weiß, dass er angesichts seiner langen

Arbeitslosigkeit im Rentenalter nur mit minimalen Einkünften rechnen kann. Spätestens dann führt ihn sein Weg erneut zu unserer Tafel. »Man sieht sich wahrscheinlich wieder«, denke ich bei mir. Aber ich sage nichts. Warum auch? Warum sollte ich dem Mann die Hoffnung auf eine bessere Zukunft nehmen? Und vielleicht kommt es ja auch ganz anders, als man denkt.

Kapitel 9

»Jörg, mach du dat!«

Mensch, was sollte ich machen? Mit Ende vierzig war Schicht im Schacht. »Herr Sartor, Sie dürfen gehen«, hieß es. In den Ruhestand in einem Alter, in dem andere noch mal richtig loslegen, sich neuen Aufgaben widmen, läutete die Ruhrkohle AG für mich die endgültigen Feierabendglocken. Ich will nicht verhehlen, dass ich finanziell in ein fein gemachtes Bett fiel. Eigentlich tat mir nichts mehr weh: Das Haus war abbezahlt, die Rente ließ sich sehen. Alles gut so weit.

Aber Sartor wäre nicht Sartor, wenn er sich seinerzeit auf die faule Haut gelegt hätte. Das hat sich damals vor 14 Jahren nicht richtig angefühlt. Ich wollte noch etwas machen, etwas bewegen.

»Bleibense Mensch«, hat die Ruhr-Ikone, der verstorbene Kabarettist Jürgen von Manger alias Adolf Tegtmeier, immer gesagt. »Also ährlich.« Und genau das war's. Ich wollte schon immer etwas für andere Leute tun, die Not leiden. Einfach mal Gutes tun, etwas Sinnvolles und nicht zu Hause als Frührentner herumsitzen. Mensch bleiben, indem man anderen hilft, denen es nicht so gut geht. Als ich vor vielen Jahren im Fernsehen von dem Tafel-Projekt in meiner Stadt erfuhr, war mir schnell klar: »Da will ich mitmischen.« Anfangs habe ich dort als Helfer und Träger gearbeitet, habe Kisten geschleppt, die Ware ausgefahren. Bald aber schied ein Vorstandsmitglied des Vereins aus, und die anderen waren sich einig über die Nachfolge: »Jörg, mach du dat!«

Ohne zu zögern, nahm ich an und hängte mich richtig rein. Seinerzeit nahmen die Herausforderungen massiv zu. Die Anzahl der Bedürftigen in NRW, die sich bei den Tafeln melden, steigt jedes Jahr um mindestens zehn Prozent. In den vergangenen zehn Jahren hat sich die Rate fast verdoppelt. Derzeit sind etwa 200.000 Menschen bei den insgesamt rund 180 Tafeln in NRW registriert. Schon jetzt stoßen die Einrichtungen vielerorts an ihre Kapazitätsgrenzen.

Nach langen Querelen gelang es uns vor einigen Jahren, einen eigenen Landesverband zu schaffen. Die Idee stammte von Jochen Brühl. Der jetzige Bundesvorsitzende wollte eine neue Struktur in den jeweiligen Ländern einrichten. Anfangs war ich dagegen, weil Brühl in meinen Augen einen neuen Sozialkonzern gründen wollte, ähnlich dem Paritätischen Wohlfahrtsverband oder dem Deutschen Roten Kreuz, die meiner Erfahrung nach aber allzu viele Spendengelder in der Verwaltungsbürokratie versenken. Man muss sich nur einmal anschauen, wie langsam und bräsig viele Sozialverbände arbeiten.

Die Essener Tafel kooperiert mit vielen dieser Organisationen. Deshalb weiß ich, wovon ich rede. Ähnlich schlecht ist es um einige Kirchenverbände bestellt. Da zieht sich die Kooperation mitunter wie Kaugummi, weil der Verwaltungsapparat völlig aufgebläht ist. Das kostet alles Geld, was meiner Meinung nach gar nicht nötig ist.

Bundeschef Brühl wollte Landesverbände gründen, um die Spenden besser verteilen zu können. Oberflächlich betrachtet ein hehres Ziel. In NRW bestanden allerdings Vorbehalte, und es gab zunächst immense Widerstände. Hier regierten vier »Regionalfürsten«. Manche von ihnen stellten meines Erachtens ihre persönlichen Eitelkeiten vor das Allgemeinwohl.

Ich erinnere mich noch gut an den Fall des Ex-Postchefs Klaus Zumwinkel und anderer Steuerbetrüger, die durch die Bochumer Justiz 2009 verurteilt wurden. Seinerzeit wollte die Staatsanwaltschaft den Tafeln in NRW eine Million Euro aus dem Topf stiften, in den die verurteilten Betrüger Geldstrafen eingezahlt hatten.

Auf einem legendären Treffen in Wattenscheid stritten die Tafel-Vertreter um den Kuchen. Es gab einen Riesenaufstand, weil gerade die kleineren Einrichtungen auf dem Land fürchteten, von der Justizspende zu wenig abzubekommen.

Ich erzähle die Episode nur, um dem Eindruck entgegenzutreten, dass bei uns karitativen Vereinen immer alles Gold ist, was glänzt. Weit gefehlt. Das Hauen und Stechen ums liebe Geld ließ seinerzeit in mancherlei Gemütslage tief blicken.

Der Oberstaatsanwalt, der bei dem Meeting zugegen war, reagierte zunächst äußerst verschnupft ob der Verteilungskämpfe. Der Ankläger drohte, die Million anderen Sozialeinrichtungen zu überweisen, aber letztlich besann er sich eines Besseren und teilte den Betrag unter den zwanzig größten NRW-Tafeln auf. Jede Einrichtung erhielt 50.000 Euro aus dem Steuer-Betrüger-Pott. Gerechtigkeit geht anders. Denn die kleinen Tafeln guckten in die Röhre, obwohl diese noch mehr als die großen Vereine auf solche Zuwendungen angewiesen sind.

Aus dem Vorfall habe ich meine Schlüsse gezogen: Da war etwas gründlich schiefgelaufen. Wenn das Tafel-System überall in NRW funktionieren sollte, musste sich die Zusammenarbeit zwischen großen und kleinen Lebensmittelinitiativen deutlich verbessern. Schließlich sollten auch so viele Not leidende Menschen wie möglich auf dem Land von den Lebensmittelhilfen profitieren. Die großen Metropolen mit ihren Tafeln verfügten ohnehin über eine bessere Logistik, über weitreichende Kontakte zu Discountern, Lieferanten und Spendern.

Im Kern ging es darum, etwaige Großspenden oder Lebensmittelüberschüsse gerechter zu verteilen. Vorher haben immer nur die Großen etwas bekommen, die auch über entsprechende Lagerräume, Logistik und Transporter verfügten. Wenn bei Oetker etwa 33 Paletten auf ihre Abholung warteten, dann mussten die schnell abtransportiert werden. Vielen kleineren Vereinen fehlten die Fahrzeuge, um dieses Volumen zu stemmen.

Vor diesem Hintergrund habe ich Dampf gemacht, dass wir endlich einen Landesverband aufstellen konnten. Nach einiger Zeit mussten einige Posten ausgetauscht werden, somit habe ich dann den Vizelandeschef gegeben. Dreieinhalb Jahre lang. Innerhalb der Tafellandschaft eilte mir ohnehin ein guter Ruf voraus. Denn wir Essener firmierten immer als Institution, die benachbarte Tafeln mit versorgte. Wir haben stets unsere Überschüsse mit kleineren Einrichtungen geteilt.

Schließlich zählt unsere Tafel zu den größten karitativen Vereinen ihrer Art in Deutschland. Maximal 6000 Menschen kann das Hilfswerk versorgen. Weitere 6000 Bedürftige stehen auf unserer Warteliste. Das heißt: Nur jeder Zweite kann ein

Jahr lang verpflegt werden, dann muss er für zwölf Monate aussetzen. Einzige Ausnahme bilden die Empfänger über sechzig und Schwerbehinderte.

Oft genug musst du den Mut haben, auch einmal Nein sagen zu können, so schwer es auch fällt. Als langjähriger Chef einer Bergmannskolonne habe ich gelernt, klare Ansagen zu machen. Im Gegensatz zu manchen weiblichen Vorstandsmitgliedern, die eher fünfe gerade sein lassen, schick ich Antragssteller wieder nach Hause, wenn unsere Kapazitäten aus allen Nähten platzen.

Dankenswerterweise haben wir im Laufe der Zeit viele vertrauensvolle Partner und Lieferanten gewonnen. Ich brauchte noch nie betteln zu gehen oder irgendwelche Wohltätigkeitsveranstaltungen abzufeiern. Viele gut situierte Menschen sehen, dass es Mitbürger gibt, die ihre Hilfe brauchen. Wir haben ausreichend Spender, die geben jeden Monat 20, 50 oder auch 500 Euro. Je nachdem, was geht. Die Discounter helfen uns großzügig mit sogenannter Food- und Non-Food-Ware. Dabei schenken die Konzerne uns beileibe keinen Schrott oder verdorbenes Gemüse, sondern einfach nicht absetzbare Überschüsse.

Der Alltag an der Lebensmittelausgabe bringt manch unliebsame Erlebnisse mit sich. Mitunter kommt es vor, dass Kunden randalieren oder die Mitarbeiter beschimpfen. Solche Leute erhalten eine lebenslange Sperre. Auch wer drei Mal unentschuldigt fehlt, wird von der Liste gestrichen. Denn dieser Mensch hat kostenlose Lebensmittel offenkundig nicht nötig und muss Platz für einen Bedürftigen machen, der gerne zu uns kommen würde.

Solche Entscheidungen fallen mir nicht immer leicht. Da braucht es viel Durchsetzungsvermögen. Eine Fähigkeit, die nicht jeder bei uns im Verein besitzt. Deshalb ist der Job auch nicht immer einfach. Auch für mich nicht, der dann schon mal den Buhmann geben muss. Aber irgendeiner muss der Boss sein, sonst funktioniert so ein großes Sozialwerk mit 120 ehrenamtlichen Mitarbeitern nicht.

Die Abläufe müssen sitzen wie in einem mittelständischen Unternehmen. Morgens geht es um 6:30 Uhr los: Die Ware wird sortiert, Autos werden vorbereitet. Um acht Uhr kommen die Fahrer. Sechs bis sieben Transporteure steuern nach einem festen Plan ihre Anlaufpunkte an.

In der Zentrale am ehemaligen Wasserturm treffen die ersten frischen Lebensmittellieferungen ein. Gegen elf Uhr erscheinen die ersten Helferinnen, die unser Angebot sortieren: Die eine ist für Obst, die andere für Gemüse, die nächste für Brot zuständig.

Um 12:30 Uhr beginnt die zweite Schicht, die vorbereiteten Lebensmittel auszugeben. Vier Mal in der Woche läuft dasselbe Prozedere ab. Jeweils 240 Berechtigte zeigen ihre Zugangskarte vor und erhalten einen Warenmix, der sich je nach Saison, Jahreszeit und Angebot stetig ändert. Im Schnitt multiplizieren wir jeden. Für die Berechnung des Gesamtbedarfs der Tafel wird jeder Empfänger mit 3,5 multipliziert: für Personen, die im Schnitt zu einem Haushalt gehören und entsprechend durch die Tafel miternährt werden. Summa summarum verköstigen wir allein an unserem Hauptstandort pro Tag zwischen 800 und 900 Personen. Dazu kommen noch elf weitere Stellen.

Anspruchsberechtigt sind all jene, die Hartz IV, Grundsicherung im Alter oder Sozialhilfe bekommen. Insgesamt sind es 1800 Kartenberechtigte. Macht also: etwas mehr als 6000 Personen. Das Gros der Klientel stammt aus der Innenstadt und dem Essener Norden. Ebenjene Quartiere, in denen die Arbeitslosenzahlen in die Höhe schnellen und die größere Zahl der Bezieher von staatlicher Stütze leben. Die A 40 trennt viele arme von reichen Vierteln im Pott – so auch in Essen.

Darüber hinaus beliefern wir weitere 16.000 Menschen in hundert Vereinen und karitativen Organisationen mit Essen, Gemüse, Salat und frischem Obst. Dazu zählen der Junkietreff oder die Obdachloseneinrichtung genauso wie 17 Kinder- und Jugendtische in der Woche und weitere acht am Wochenende.

Wenn man mich fragt, stellt das Problem mit verwahrlosten Kindern ein ganz trauriges Kapitel unserer hochmodernen Leistungsgesellschaft dar. Meist handelt es sich um kirchliche Initiativen, die Mädchen und Jungen aus sozialen Brennpunkten betreuen, die zu Hause nichts Vernünftiges zu essen bekommen. Deren Eltern scheren sich einfach nicht darum, ob und wovon sich ihr Sprössling ernährt. Das liegt beileibe nicht nur am Geld.

Sozialarbeiter eines Jugendhilfetreffs in Altenessen haben mir höchst bedrückende Erlebnisse geschildert. Mangels entsprechender kommunaler Mittel schließt die städtische Einrichtung meist über das Wochenende. Sobald sich die Tore am Montag wieder öffnen, stehen die Kinder hungrig auf der Matte, weil sie übers Wochenende kaum etwas zu futtern bekommen haben. Und wenn doch, dann stehen Toast mit Ketchup auf dem Speiseplan oder fettige Pommes.

Da gibt es zum Beispiel eine Siedlung in Altenessen, in der überwiegend Hartz-IV- und Sozialhilfeempfänger leben. Hier springt das Kinderelend einen an vielen Ecken an. Der Nachwuchs leidet teils an Mangelernährung. Denn viele Eltern wissen gar nicht mehr, wie man Kartoffeln kocht oder frisches Gemüse zubereitet. Oft müssen unsere Mitarbeiterinnen junge Mütter über die Garzeit von Blumenkohl oder Möhren aufklären. Wie man einen leckeren gemischten Salat anrichtet, wissen sie schon gar nicht.

Kochen bereitet diesen Leuten einfach zu große Mühe, oder sie haben keine Ahnung, wie es geht. Die Kinder, so scheint es, sind mehr Last als Freude. Die »Ernährer« hocken lieber vor dem PC oder dem Fernseher, als für ihre Töchter und Söhne einzukaufen und eine Mahlzeit zuzubereiten. Gemeinsames Abendbrot am Tisch gibt es nicht. Kein Wunder, wenn mir Lehrerinnen an Ganztagsschulen im Essener Nordwesten berichten, dass ihre Schüler freitags nur ungern nach Hause gehen. Die Erklärung liegt auf der Hand: weil sie sich daheim nicht wohlfühlen und weil sie dort nichts auf die Gabel bekommen.

Im offenen Ganztag lernen die Kinder zusammen, sie spielen zusammen, kochen zusammen und essen zusammen. Diese bedürftigen Schüler bekommen von uns fertige Mahlzeiten. Zusätzlich erhält die Einrichtung finanzielle Zuwendungen aus unserem Vereinstopf, damit die Betreuer den Kleinen ein schmackhaftes Gericht zubereiten können. So gab es vor Kurzem den Fall, dass ein Sozialarbeiter zu uns kam, der mit den Kindern Nudeln mit Tomatensoße kochen wollte. Dazu sollte es einen grünen Salat geben. Allerdings fehlte das Geld für Nudeln und Salat. Also sind wir eingesprungen.

Die soziale Schieflage hat sich gerade bei jungen Menschen an Rhein und Ruhr in den vergangenen Jahren massiv verschärft. Laut einer Bertelsmann-Studie aus dem Jahr 2018 sind in NRW knapp 500.000 Kinder unter 15 Jahren von Armut betroffen.[29] Eine Rekordmarke. Im Jahr 2012 waren es noch 70.000 weniger. Knapp jedes fünfte Kind lebt in einem Hartz-IV-Haushalt. Damit liegt NRW weit über dem Bundesschnitt von 16 Prozent. Ein Zehntel der jungen Hartz-IV-Empfänger besitzt einen ausländischen Pass.

Regional variieren die Quoten: Besonders dramatisch steht es um den Ruhrpott. In zehn Metropolen im Revier liegt die Rate armer Kinder bei 25 Prozent, in Gelsenkirchen gar bei 43 Prozent. »Daraus folgt, dass Kinderarmut vor allem ein Problem des Ruhrgebiets ist«, heißt es in der Studie.

Der Bochumer Sozialforscher Volker Kersting warnte in etlichen Interviews: »Die Städte im Revier erleben eine zunehmende Konzentration von Kinderarmut in benachteiligten Quartieren. Dadurch wachsen die Probleme in diesen Stadtteilen weiter an.« Die »soziale Segregation«, also die räumliche Trennung zwischen Arm und Reich, sei vor allem im Ruhrgebiet zu beobachten. »Hier wächst die soziale Spreizung, und der Abstand zu anderen Regionen im Land nimmt zu«, monierte Kersting am 27. Juli 2018 in der *Westdeutschen Allgemeinen Zeitung.*

Sorge bereitet dem Sozialwissenschaftler zudem, dass Kinder oft jahrelang von Hartz IV abhängig bleiben. Fast die Hälfte aller Jungen und Mädchen bis 15 Jahren erhielten die staatliche Stütze seit mindestens vier Jahren. In zehn Ruhrgebietskommunen liegt die Quote der »Dauerbezieher« sogar bei über

50 Prozent. »Das heißt, für mehr als die Hälfte der Kinder ist Armut keine Phase, sondern ein Dauerzustand«, lautet sein Fazit.

Genau diese jungen Leute sind unsere Kunden, und es werden immer mehr. Dabei hat die Essener Tafel längst ihre Kapazitätsgrenzen erreicht. Mehr als 6000 Kunden können wir nicht versorgen, auch wenn die Nachfrage so groß ist, dass wir die doppelte Zahl der Bedürftigen verpflegen müssten.

Ob Alters- und Kinderarmut, Langzeitarbeitslose, Russlanddeutsche, Migranten: Das neue Prekariat strandet allenthalben an unserer Tafel-Tür, und wir können nur einen Bruchteil hineinlassen. Mitunter komme ich mir vor wie ein sozialer Ausputzer am unteren Ende der hiesigen Klassengesellschaft. Quasi der Libero im letzten Drittel, welches der Staat teilweise aufgegeben hat. Denn nur aus Berlin kann die Hilfe kommen, die den Ruhrstädten wieder auf die Beine hilft. Aufbau West, sage ich nur. Jetzt sind wir dran.

»Man muss den Dummen zugutehalten, dass sie wenigstens das Pulver nicht erfunden haben.« Auch wieder so ein Tegtmeier-Spruch, der mir aus der Seele spricht.

Angesichts mancher politischer Analysen und manch verklärender Einschätzung, die eigentlich nur darauf abzielen, die Sehnsucht nach einer heilen, sozialen Welt zu stillen, und die alle Zweifler und Kritiker am liebsten mundtot machen würden, überkommt mich ein einfacher Gedanke: »Wie dumm muss man sein, um nicht zu sehen, welch explosiver Stoff sich da in den abgehängten Vierteln bildet.« Denn nur wer sich auf die Nöte, die Furcht, die Bedürfnisse dort fokussiert, bekommt das Gleichgewicht wieder hin.

Wir müssen uns erneut darauf besinnen, dass die Menschen aus den unteren Schichten in diesem Land wieder einen Platz in unserer Gemeinschaft finden.

Es gibt da ein düsteres Szenario in einem alten Science-Fiction-Streifen. Der Film »Die Klapperschlange« handelt von einer Mauer, die New York teilt. Der Held soll den gefangenen US-Präsidenten aus jenem Teil der Stadt befreien, in dem alle Verlierer, Gauner und Vertreter der unteren Schichten hineingepfercht wurden. Ein gesetzloser Moloch, in dem man die gestrandeten Menschen sich selbst überlässt. Die Mauer schützt die normalen Bürger vor dem vermeintlichen Abschaum. Der Held schafft es, den Präsidenten zu befreien, die Mauer aber bleibt stehen.

Kapitel 10

Der Aufnahmestopp für Ausländer bei der Tafel

Anfang

Neben dem beträchtlichen Anteil Russlanddeutscher oder Osteuropäer kam nach der Grenzöffnung durch CDU-Kanzlerin Angela Merkel im Herbst 2015 eine große Zahl syrischer, irakischer, afghanischer Flüchtlinge nebst Zuwanderern aus Südosteuropa zu unseren Tafeln in den großen Ruhrmetropolen. Wie bereits erwähnt, avancierte gerade Essen zum Hotspot syrischer Migranten, weil hier zuvor schon eine größere Community gelebt hatte.

Seit 2014/2015 veränderte sich allenthalben das Bild an den Tafel-Standorten im Revier. Plötzlich standen viele junge arabische Männer in der Schlange vor unseren Einrichtungen, drängelten, schoben ältere Menschen weg und beschimpften die anderen Wartenden. Jutta Mortzek, die 61-jährige Frührentnerin, kam irgendwann zu mir und klagte über die Zustände. »Herr Sartor, wenn Sie da nicht etwas ändern, komme ich nicht mehr.«

Andere Senioren beschwerten sich bei mir, dass sie angeschrien worden seien. Empört berichteten sie, wie die jungen

Burschen sie aus der Reihe geschubst und sie dabei spöttisch angegrinst hätten.

»Die haben überhaupt keinen Respekt vor uns alten Menschen«, schimpfte Peter Fischer, der seit zehn Jahren zu uns kommt.

Es war offensichtlich, dass hier zwei unterschiedliche Kulturkreise aufeinanderprallten. Manche Ausländer behandelten unsere Helfer von oben herab, als wären sie minderwertige Ungläubige, wedelten mit ihrer Berechtigungskarte, so als müssten unsere Mitarbeiter sofort springen. Einige bauten sich auch bedrohlich vor unserem Personal auf, wenn sie zu lange warten mussten oder ihnen das Angebot nicht passte. »Gib, gib, gib«, hieß es allzu oft.

Kollegen von anderen Tafeln beschrieben ähnliche Szenen. Das war bereits Jahre zuvor der Fall, als die Flüchtlingswelle gerade begann: 2015 sprach zum Beispiel der Kollege Baasner, Vorsitzender der großen Tafel Wattenscheid, öffentlich von »teils dramatischen« Veränderungen. »Unsere Helfer werden aufs Übelste beleidigt und angepöbelt. Wir werden beschimpft, weil einige Bananen braune Flecken haben. Es wird gedrängelt, Alte und Kinder werden weggehauen. Da herrscht eine Aggressivität und ein Anspruchsdenken, das mich zur Weißglut bringt.« Es tue ihm »sehr leid, das zu sagen. Aber es sind fast ausschließlich Aussiedler aus Südosteuropa und zunehmend auch Flüchtlinge, die sich so benehmen.«[30]

Baasner klagte seinerzeit, dass 300 seiner ehrenamtlichen Helfer wegen der Anfeindungen das Handtuch geworfen hatten. Folglich musste seine Einrichtung die Zahl seiner Ausgabestellen in Bochum und Wattenscheid von 36 auf 20 reduzieren.

Die öffentliche Kritik traf nicht allenthalben auf Zustimmung. Schnell musste sich mein Kollege gegen gewisse Vorwürfe wehren. Er verwahrte sich dagegen, in die rechte Ecke gestellt zu werden. Zwei Wochen später gab Baasner öffentlich in der *Westdeutschen Allgemeinen Zeitung* Entwarnung. Demnach habe sich die Lage wieder beruhigt. Alles sei wieder in Butter.

Nichts dergleichen entsprach nach meiner Wahrnehmung den Tatsachen. Nach wie vor suchte die Wattenscheider Tafel nach Auswegen aus dem Missverhältnis zwischen deutschen und ausländischen Kunden. Die Wattenscheider plagten dieselben Probleme wie uns in Essen auch.

Viele anerkannte Asylbewerber verstanden überhaupt nicht, dass gewisse Regeln galten, die jeden betrafen.

In jener Zeit geriet die Lage zunehmend schwieriger: Wir hatten beizeiten über unseren PC festgestellt, dass mittlerweile 75 bis 80 Prozent unserer Kunden keinen deutschen Pass besaßen. Das Gleichgewicht zwischen Einheimischen und Migranten schien empfindlich gestört.

Fünfzig/fünfzig lautete lange Zeit unser angepeilter Verteilungsschlüssel. Die Quote aber hatte sich zusehends verändert. Die Balance war gekippt. Die Auswertung unserer Statistiken förderte eine schlechte Nachricht zutage: Die deutsche Oma kam nicht mehr. Besonders ältere Menschen blieben unserer Tafel fern.

Wir hakten bei etlichen Rentnern und Rentnerinnen telefonisch nach. Warum? Wieso? Unisono führten die Befragten ein diffuses Gefühl von Furcht an: Angst beschlich diese Senioren und Seniorinnen, wenn sie bei uns aus dem Bus stiegen und mit ansahen, wie eine längere Schlange junger, arabischer Männer bereits an der Empfangsstelle die ersten Plätze eingenommen hatte.

»Da traute ich mich nicht mehr hin und hab den nächsten Bus nach Hause genommen«, berichtete eine ältere Frau unseren Mitarbeiterinnen.

Lieber auf Gemüse und Obst verzichten, als sich in eine unangenehme Situation zu begeben. So lautete im Großen und Ganzen der Tenor unserer Befragungen.

Solche Vorbehalte entstammten häufig einer subjektiven Wahrnehmung, denn wahrlich nicht alle ausländischen Tafel-Kunden benahmen sich seinerzeit in der beschriebenen Art daneben. Aber die Ängste unserer einheimischen Besucher verdeutlichten doch einen Missstand, der mir unerträglich schien. Wir wollten alle gleich behandeln: Deutsche wie Zuwanderer. Und dazu gehörte unser fifty-fifty-Schlüssel.

Als die Gemüter wenige Wochen nach dem Telefonat hochkochten und zunächst etliche Medien unsere Maßnahme in Bausch und Bogen verdammten, rückten uns manche Tafel-Kollegen quasi in die Rassistenecke. So etwa der wattenscheider Tafel-Chef Manfred Baasner in TV-Interviews.

Auch werde ich nie seinen Auftritt am 5. März 2018 bei dem Polit-Talkmagazin »Hart aber fair« in der ARD vergessen, bei dem Baasner eine Art Allesversteher gab und sich von unserem Weg deutlich distanzierte: Klar seien dieselben Schwierigkeiten wie in Essen aufgetreten, bekannte der Tafel-Vorsitzende. In Wattenscheid habe man allerdings auf Dolmetscher und Sprachkurse nebst getrennter Essensausgabe gesetzt –

angeblich mit Erfolg. »Heute ist die Stimmung freundschaftlich«, resümierte Baasner.

Wer's glaubt, wird selig. Ich zumindest hege da meine Zweifel. Das ganze Problem soll sich binnen weniger Wochen komplett in Luft aufgelöst haben?

Blicken wir zeitlich ein wenig zurück, um zu dokumentieren, wie sich schleichend jenes Ungleichgewicht entwickeln konnte, das letztlich zu einer gesellschaftlichen Diskussion führte, die ganz Deutschland bis heute bewegt.

Vor acht Jahren haben wir mit Blick auf den wachsenden Andrang eine Obergrenze festgelegt. Mehr als 1800 Tafel-Kartenempfänger nebst ihren Angehörigen von insgesamt 6000 Menschen die Woche konnte die Essener Tafel nicht aufnehmen. Mehr schafften wir nicht. Es gab Phasen, da haben wir gar keine neuen Plätze vergeben.

Täglich bewegen wir 2000 Klappkisten an Lebensmitteln, das entspricht einem Volumen von fünf bis acht Tonnen. Handelsketten und Produzenten spenden uns Backwaren, Gemüse, Fleisch oder Wurst in großen Stückzahlen, anstatt die Überschüsse in den Müll zu werfen. Wir übernehmen diese Waren für den guten Zweck. Eine Win-win-Situation. Die Discounter sparen manchen Euro für die Entsorgung, und unsere bedürftigen Menschen erhalten kostenlos gute Produkte.

Derselbe Modus gilt auch für Non-Food-Ware, beispielsweise Shampoo oder Duschgel. Beides beziehen wir dankenswerterweise über die Düsseldorfer Tafel als Spende von Henkel. Aus Zentrallagern bekommen wir die unterschiedlichsten Dinge für den Alltag bis hin zu Klamotten. Mitunter kommt es auch vor, dass uns etwa ein Krankenhaus tausend Kaffeebecher weitergibt, weil die Klinik neues Geschirr gekauft hat. Weihnachten schnüren wir Pakete für Alt und Jung mit Süßigkeiten und allerlei Nützlichem. Nur an Ostern legen wir den Schokohasen erst nach den Feiertagen bei, wenn klar ist, wie viele der süßen Schlappohren auf dem Lager geblieben sind.

Wir stießen spätestens seit 2013 an unsere Kapazitätsgrenzen, weil im Laufe der Jahre die soziale Not in Essen und anderswo entlang der A 40 zugenommen hatte. Also sind wird zu dem System übergegangen, dass jeder Bedürftige turnusmäßig ein Jahr aussetzen muss, bevor er wieder ein Jahr lang unsere Ware beziehen darf.

Die Methode funktionierte bis zur Jahreswende 2014/2015, als die Zahl der Flüchtlinge stetig zunahm. Plötzlich standen viele Alleinreisende vor uns, junge Migranten, die ebenfalls versorgt sein wollten. Ihre Anzahl wuchs derart schnell an, dass wir handeln mussten.

Zunächst entschieden wir, keine Zuwanderer aufzunehmen, die staatliche Leistungen als Asylbewerber erhielten. Denn sie wurden ohnehin alle durch die Kommune oder das Land versorgt. Seinerzeit sind diese Migranten in Notunterkünften oder Heimen drei Mal am Tag verpflegt worden, also brauchten sie unsere Hilfe nicht.

Bald aber änderte sich die Situation. Die Quote der anerkannten syrischen und irakischen Asylbewerber stieg sprunghaft an. Diese wechselten nun in den Hartz-IV-Bezug, was leicht erhöhte Zuwendungen sowie Kindergeld bei Familien bedeutete. Zudem zahlte die öffentliche Hand – wie bei Langzeitarbeitslosen auch – Wohnung und Krankenkasse. Fortan hatten Zuwanderer entsprechend auch einen Anspruch auf einen Tafel-Bezugsschein.

Genau genommen wären allein in Essen wohl fast 14.000 Migranten aus Afghanistan, dem Irak und Syrien berechtigt, bei uns einen Antrag zu stellen.

Ein weiteres Problem kam hinzu: Immer häufiger beantragten auch Flüchtlinge einen Tafel-Bezugsschein, die ursprünglich in Ostdeutschland gelistet waren und eigentlich aufgrund der Residenzpflicht auch dort hätten leben müssen. Aber die Realität sah anders aus. Kurz nachdem sie als Asylberechtigte etwa in Mecklenburg-Vorpommern oder Brandenburg anerkannt worden waren, reisten sie entgegen der Auflagen in den Westen – und da blieben sehr viele von ihnen dann in Essen.

Die finanziellen Zuweisungen des Bundes für anerkannte Asylbewerber strichen allerdings weiterhin die neuen Bundesländer ein. Die hiesigen Kommunen konnten zusehen, wie sie mit dem Problem fertigwurden. Das widerspricht meines Erachtens jeglicher Fairness im Umgang miteinander. Denn Städte wie Essen oder Duisburg sind meiner Meinung nach längst mit den Folgen der Zuwanderung überfordert. Und wir von den Tafeln mit ihnen.

Also griff der Verein zu einigen Hilfskrücken, um das Gleichgewicht wiederherzustellen. Zeitweilig durften alle jungen Menschen unter dreißig Jahren – ganz gleich welcher Nationalität – nur noch drei Monate kommen.

Stattdessen konnten alle Kunden ab 63 Jahren fortan dauerhaft die Tafel nutzen. Dahinter steckte der Gedanke, dass die älteren Menschen, die meist auch behindert waren oder an chronischen Krankheiten litten, sich nicht mehr mal einen Euro nebenbei verdienen konnten.

Die Lage Spitzte sich wieder zu. Wir haben diskutiert, nach Auswegen gesucht, weil uns klar war, dass es so jedenfalls nicht mehr weitergehen konnte. Allerdings scheuten sich manche anfangs, die Reißleine zu ziehen. Unter ihnen gab es einige wenige Zauderer, die auch nicht so nah an der »Front« agierten, die also auch nicht persönlich die prekäre Lage an den Ausgabestellen miterlebten. Ich aber arbeitete zum Beispiel jeden Mittwoch an der Aufnahmestation, dort, wo die Menschen eine Bezugskarte beantragten. Dort konnte man deutlich erkennen, wer zu uns wollte. Damals haben wir teilweise 48 Bezugskarten an Ausländer ausgegeben und nur zwei an Deutsche.

Dann kam der 8. Dezember 2017. Morgens trafen sich die Vorstandsmitglieder. Ich bin da rein und habe gesagt: »Schluss, aus, entweder machen wir da einen Riegel vor, oder für mich hat sich das hier erledigt.«

Ich konnte dieses Missverhältnis nicht mehr ertragen, das ging einfach nicht mehr, nicht heute, nicht morgen, keinen Tag länger. In meinen Augen war das ungerecht.

Dazu muss man wissen, dass einige unserer Mitarbeiterinnen bei den Einlasskontrollen Listen über jene älteren Menschen führen, die sich im kommenden Monat wieder für ein Jahr neu anmelden müssen. Und da haben ganz viele Rentner und Rentnerinnen gesagt: »Nee, wir wollen nicht mehr. Wir fühlen uns nicht mehr wohl.«

Dagegen erreichte der Anteil bei den Zuwanderern nach einiger Zeit eine Höhe von bis zu 80 Prozent. Als Angela Merkel ihren berühmten Satz aussprach, brannte bei uns an der Tafel der Baum. Und nicht nur bei uns, sondern überall in den Städten zwischen Emscher und Ruhr. »Wir schaffen das«, gab sich die Kanzlerin zuversichtlich. Deutschland torkelte freudetrunken auf dem Welcome-Trip. Endlich standen wir einmal auf der richtigen Seite. Endlich konnten wir aller Welt zeigen, wie liberal und tolerant wir geworden waren. Ja, wir Deutsche gingen voran, wiesen den westlichen Ländern den Weg. Nicht nur beim Fußball, bei jenem Sommermärchen 2006, bei dem die Welt wohlwollend auf das neue, friedlich-fröhliche, wiedervereinte Deutschland blickte.

Im Herbst 2015 öffneten sich die hiesigen Grenzen: Knapp eine Million Flüchtlinge reisten bis zum folgenden Jahr nach Deutschland ein. Gut ein Drittel allein nach NRW. Wir schienen beseelt von einer Mission, die Welt zu retten. Endlich konnten wir nicht nur als Wirtschafts- und Exportmacht glänzen, sondern eilten als moralische Instanz allen anderen Nationen weit voran. Wir gerierten uns als globale Problemlöser, um die wachsenden Flüchtlingsbewegungen aus Afrika, aus dem Nahen und Mittleren Osten sowie aus Südosteuropa mit einem Schlag ad acta zu legen. Die Conclusio lautete: Grenzen auf. Ein Land mit 80 Millionen Einwohnern, eine Nation mit einer der höchsten Bevölkerungsdichten in der Welt nahm über eine Million Menschen aus fremden Ländern auf, ohne darauf vorbereitet zu sein. Humanitäre Gründe obsiegten gegen alle Vernunft.

Und als seien die Deutschen die letzten Verteidiger der Genfer Flüchtlingskonvention, forderte man die anderen EU-Nationen auf, es uns gleichzutun. Allerdings wunderte man sich, dass nicht nur die Hardliner wie der ungarische Autokrat Viktor Orbán nicht mitzogen, sondern sich vielmehr auch andere europäische Nachbarn von den »crazy Germans« überfahren fühlten.

Mich hat die Analyse des renommierten Historikers Heinrich August Winkler schwer beeindruckt. Im Interview mit dem Deutschlandfunk am 15. Juli 2018 wies der Experte für zeitgenössische Geschichte darauf hin, dass wir nicht den Eindruck erwecken dürften, »als gebe es ein allgemeines Menschenrecht, das da lautet: Wir wandern jetzt in einen Staat unserer Wahl ein.« Die Rettung von Menschenleben verpflichte nicht dazu, Menschen in die EU einreisen zu lassen. Wer diese Botschaft nach Afrika sende, handle nicht moralisch, sondern verantwortungslos. »Es wäre Selbstüberhebung zu meinen, man könne auf deutschem, französischem oder britischem Boden die Menschenrechte für alle Welt verwirklichen.«

Winkler rief insbesondere Deutschland auf, sich nicht als »die moralische Leitnation Europas« zu gebärden. Das sei leider immer wieder geschehen, auch wegen eines deutschen Kompensationsbedarfs aufgrund der Geschichte. Gerade die Flüchtlingspolitik erinnert an den Versuch, das psychische Weltkriegstrauma einer Nation aufzuarbeiten.

Genau jene Klammer zwischen den Schandtaten Hitler-Deutschlands und einer Art Buße in Form grenzenlos liberaler Migrationspolitik führt zu jenen Problemen, die bis herunter zur Essener Tafel reichen und die letztlich erst die Rechtspopulisten der AfD groß machten. Das nicht zuletzt aus dem Grund, dass die etablierten Parteien immer noch nicht die Sorgen und Ängste vieler Menschen ernst nehmen.

August Winkler warnte davor, all jene Probleme, die zahlreiche Menschen mit Sorge erfüllen, »zu beschönigen oder zu verdrängen«. Wenn dies dazu führe, dass sich viele von links und aus der Mitte nach rechts wendeten, dann sei das für die politische Kultur der Demokratie hochgefährlich. Das gelte für alle westlichen Demokratien, resümierte der Historiker im Deutschlandfunk.

Stattdessen, so Winkler weiter, könne und müsse die EU viel tun, um objektiven Fluchtursachen entgegenzuwirken. Das gelte für die europäische Agrarpolitik und für die Entwicklungshilfe. Dazu gehöre aber auch, Ursachen anzusprechen, die häufig nicht thematisiert würden: die Überbevölkerung in fast allen afrikanischen Ländern, das Fehlen von »guter Regierung« und die Korruption.

Fakt ist, dass die Bundesregierung nicht so tun sollte, als könne sie die Flüchtlingsmisere in einem alleinigen Parforceritt bereinigen, um dann den Kommunen und Wohlfahrtseinrichtungen die Hauptlast zu überlassen in der Hoffnung, dort werde man das Ding schon schaukeln. Wir müssen auch mal Nein sagen können – und nicht Jein oder Vielleicht.

»Wir testen den sozialen Frieden aus«, hat Essens Oberbürgermeister Thomas Kufen (CDU) zu Beginn der Migrationswelle gewarnt. Mit ungewissem Ausgang, glaube ich – und das macht mir ein wenig Angst.

Mein Engagement für die Tafel richtete sich stets danach, den Not leidenden Bewohnern dieser Stadt, den armen Omas und Opas, all den bedürftigen Alleinerziehenden zu helfen. Ich sehe mich nicht als Ausputzer irgendwelcher politischer Entscheidungen, die die Großkopferten in Berlin wie etwa die Kanzlerin gefällt haben. Bei uns an der Pforte erlebten wir genau das Gegenteil von: »Wir schaffen das.« Schnell stellten wir fest: »Aber nicht so.«

Das Chaos brach ungebremst über uns herein. Und wir als Tafel mittenmang. Beinahe reglos wie eine Schildkröte auf dem Rücken liegend, suchten wir nach Auswegen, um wieder auf dem Bauch zu landen.

Mich störte ungemein, dass unsere Stammkunden unter dem zunehmenden Flüchtlingsstrom leiden sollten. Das waren meist alte, mittellose Menschen, die sich verdrängt fühlten. Ich konnte nicht mehr die Augen vor diesem Zustand verschließen.

Und das habe ich auch auf der entscheidenden Vorstandssitzung an jenem 8. Dezember 2017 deutlich gemacht: »Entweder lassen wir vorübergehend nur noch Neukunden mit einem deutschen Pass zu, oder meine Tage bei der Tafel sind gezählt«, lautete mein Verdikt. Auf diese Weise sollte wieder ein ausgeglichener Anteil von 50/50 erreicht werden.

Zunächst herrschte betretenes Schweigen, dann aber stieß mein Vorschlag eine rege, teils auch kontroverse Debatte an. Manche gaben nochmals zu bedenken, dass die Tafel doch für alle Bedürftigen da sein müsse – egal welcher Herkunft. Andere stimmten mir zu: »Das Problem nimmt überhand, wir müssen zusehen, die Dinge wieder ins Gleichgewicht zu bringen.«

Ich habe nur klargemacht, dass die Zeit des Zauderns und Zögerns vorbei sein muss. »Entweder handeln wir jetzt, oder ich bin raus.« Das half. Der Vereinsvorstand beschloss einen vorläufigen Aufnahmestopp für Neuanträge von Ausländern, und zwar vom Januar 2018 an für zwei, drei Monate. Zugleich haben wir entschieden, diesen Beschluss umgehend öffentlich zu machen. Das Thema sollte transparent behandelt werden. Also haben wir unsere neuen Aufnahmekriterien an die

Haustür der Tafel-Zentrale genagelt und den vorübergehenden Aufnahmestopp über unsere Homepage bekannt gemacht.

Dann passierte zunächst einmal nichts. Erst im neuen Jahr haben wir wieder neue Anträge bearbeitet. An jenem ersten Mittwoch im Januar 2018 standen 121 Menschen vor unserer Türe. Alle stiegen hoch zu uns ins Büro. Achtzig von den Neukunden haben wir erklärt, dass sie erst einmal keine Zugangskarte wegen des Aufnahmestopps bekommen.

»Wir haben nicht für alle Platz, das tut uns leid. Vorübergehend müssen wir diese Maßnahme treffen«, lautete unsere Erklärung.

Der Großteil der Betroffenen, der unsere Ausführungen verstand, reagierte verständnisvoll. Manche erkundigten sich, wie lange dieser Stopp andauern werde? Aber niemand schimpfte oder fiel aus der Rolle. Danach herrschte sechs Wochen lang Ruhe. Alles schien sich schiedlich-friedlich zu fügen. Doch weit gefehlt: Es war nur die Ruhe vor dem Sturm.

Kapitel 11

Politik und Medien – die Tafel im Ausnahmezustand

Mitte Dezember 2017 liefen alarmierende Meldungen über den Ticker. Die Bottroper Kollegen hatten Polizeischutz angefordert, um das Chaos durch ausländische Kunden während der Weihnachtspäckchenaktion zu unterbinden. Die Bottroper Tafel hatte an einem Adventssonntag sämtliche Kunden bestellt, um die Päckchen in Empfang zu nehmen. Meines Erachtens ein Fehler, denn dadurch kam es zu einem enormen Andrang vor der Einrichtung. In der wartenden Menge entstand eine große Unruhe. Ein Riesenchaos war die Folge. Streifenwagenbesatzungen mussten für Ordnung sorgen, städtische Mitarbeiter errichteten mit Absperrbändern eine Zugangszone, um eine friedliche Geschenkeaktion gewährleisten zu können. Kling, Glöckchen, klingelingeling.

»Oh, Backe«, schoss es mir durch den Kopf, »jetzt wird's ganz komisch.« Deshalb verteilten wir stets an mehreren Tagen und an verschiedenen Standorten unsere weihnachtlichen Tüten. Der Fall in Bottrop bestärkte uns allerdings in der Einschätzung, dass ein vorübergehend verhängtes Ausländermoratorium genau der richtige Weg gewesen war.

Wenn wir uns seinerzeit umschauten und mit Kollegen anderer Tafeln sprachen, zeichneten sie alle ein ähnliches, dramatisches Bild. Gelsenkirchen, Dortmund, Duisburg, Wattenscheid und Bochum schlugen sich mit denselben Problemen herum wie wir Essener auch. Einziger Unterschied: Nach außen hin trauten sich diese Initiativen nicht, die Konsequenzen aus dem Dilemma zu ziehen. Intern aber maulten die Organisatoren unisono: »Das sind zu viele, das passt nicht mehr.«

Doch sie fürchteten sich nachzulegen. Wer wollte schon als vermeintlicher Rassist abgestempelt werden? Wenn auch zu Unrecht. Dann doch lieber in den sauren Apfel beißen und weitermachen wie bisher. Völlig egal, ob die Gerechtigkeit da auf der Strecke bleibt.

Ich habe in jener Zeit alle Spender über unseren Ukas informiert. »Passen Sie auf, wir kennen uns ja schon länger, aber wir haben jetzt neue Regeln. Zurzeit nehmen wir keine Ausländer auf. Ich wollte Ihnen das nur mitteilen, damit Sie im Bilde sind und entscheiden können, ob wir weiterhin von Ihrer Seite unterstützt werden.«

Keiner von diesen Gönnern ist zurückgezuckt und hat gesagt: »Nee, da gebe ich aber nix mehr.« Im Gegenteil, wir haben viel Zuspruch erhalten.

Obwohl wir öffentlich darauf hingewiesen hatten, vergingen ganze zwei Monate, ehe die Medien auf die Veränderung aufmerksam wurden. Die lokale Redaktion der *Westdeutschen Allgemeinen Zeitung* bekam als erstes Presseorgan Wind von der Sache. Zunächst erschien ein Reporter bei mir.

»Oh, Herr Sartor, das könnte aber ein paar Wellen schlagen«, prophezeite er mir nach dem Gespräch.

»Iss mir egal«, lautete meine Antwort, »et iss, wie et iss.«

Zunächst erschien der Beitrag nicht, weil der Redakteur sich bei einem Verkehrsunfall verletzt hatte. Tage später meldete sich seine Kollegin. Sie sollte den Artikel fertigstellen. Der Frau habe ich am Telefon unsere Gründe für den Stopp in aller Breite dargelegt. Zwei Tage später erschien das Stück im Lokalteil. Der Bericht selbst war nicht so schlimm. Einzig die Überschrift war der Hammer: »Essener Tafel nimmt jetzt nur noch Deutsche auf.«[31] Da stand kein vorübergehend, kein vorläufig, kein zusätzlich.

Danach brach die Hölle los. Ein medialer Flächenbrand entfaltete sich, und ich, Sartor, war mittendrin. Permanent klingelte das Handy. RTL, WDR, SAT 1 bauten bereits ihre Kameras vor unserer Zentrale auf, als ich am nächsten Morgen dort eintraf.

Meine Entscheidung sorgte für gesellschaftlichen Zündstoff. Da kapitulierte scheinbar einer jener sozial Engagierten vor dem Zuwanderungsproblem. Die Reaktionen fielen heftig aus. Allenthalben prasselte Kritik auf mich ein. Manche rückten mich gar in die Nazi-Ecke.

Die damalige Justizministerin Katarina Barley (SPD) urteilte aus dem fernen Berlin: »Eine Gruppe pauschal auszuschließen passt nicht zu den Grundwerten einer solidarischen Gemeinschaft.«[32]

Die Berliner Staatssekretärin Sawsan Chebli (SPD) twitterte, ihr laufe es »eiskalt den Rücken herunter«, wenn »Essen nur für Deutsche« ausgegeben werde.[33]

Parteifreund und SPD-Gesundheitsexperte Karl Lauterbach beklagte, ebenfalls bei Twitter, dass »Ausländerhass sogar bei den Ärmsten angekommen« sei. Dabei sei »Hunger für jeden gleich«.[34]

Der nordrhein-westfälische Sozialminister Karl-Josef Laumann (CDU) mahnte: »Nächstenliebe und Barmherzigkeit kennen keine Staatsangehörigkeiten.«[35] Die Grünen, die Linkspartei, Pro Asyl, der Sozialverband Deutschland bildeten im Nu eine große Koalition gegen den Essener Verein.

Die Empörungsmaschinerie lief heiß. Der Tafel-Chef »zeigt keine Reue«, lautete eine Überschrift bei den öffentlich-rechtlichen Medienmachern. In Berlin tagte der Bundesverband der Tafel. Einige Länderabgesandte forderten sogleich, die Essener hinauszukomplimentieren. Mein Kumpel und Landeschef *Wolfgang Weilerswist* rief mich an und sagte: »Die liegen hier alle auf dem Rücken wie die Marienkäfer und sind am Strampeln.« Lachend erzählte er mir weiter, dass etliche Tafel-Kollegen völlig aus dem Häuschen seien. »Die fragen immer nur: Wie ist das möglich? Wat iss da passiert? Das kann doch gar nicht sein.«

Der Bundestafelchef Jochen Brühl ließ seine Pressechefin bei mir durchrufen mit dem Auftrag an mich, diesen Stopp sofort zurückzunehmen und umgehend meine Aussagen zu revidieren.

Ich schnaubte zornig: »Der Brühl kann mich mal am Arsch lecken.« Alles Bitten und Fordern aus Berlin half nichts. Ich hielt an meiner Linie fest.

Brühl eierte dann im ARD-Morgenmagazin herum. Einerseits verstehe er unseren Schritt, andererseits distanzierte sich der Cheffunktionär von dieser Entscheidung. Dies sei »nicht der richtige Weg«, bekundete Brühl. Vermutlich sei diese Entscheidung aus Hilflosigkeit und Überforderung getroffen worden. Er wolle dem Essener Ortsverein als Vorsitzender des Bundesverbands keine Vorschriften machen. Eine Ansage nach dem Motto »So und so muss es sein« halte er für falsch. »Die Not der Menschen steht im Vordergrund, auf keinen Fall die Herkunft.«

Im Rückblick sei gesagt, dass weder Herr Brühl noch sonst irgendeiner unserem Verein Vorschriften machen konnten oder können. Deshalb empfanden wir seine Aussagen wie einen wohlfeilen Tritt in den Hintern. Mir schwoll buchstäblich der Hals: »Jetzt haut ein Haufen Politiker und Besserwisser auf uns ein, ohne sich zu informieren. Die sollen sich mal herbewegen und vor Ort mitarbeiten – danach können sie sich gerne äußern.«

Am folgenden Tag drängelten sich Journalisten um die besten Plätze wie sonst nur die Kunden vor den Lebensmittelkisten. Mir kamen einige Reporter wie Bedürftige vor. Sie lungerten stundenlang herum und baten mich flehend um deftige O-Töne. Sieben Übertragungswagen standen vor unserer Tür.

Und dann näherte sich der Herr vom ZDF. »Wir haben um halb eins einen Termin«, sagte er zu mir. Verwundert schaute ich ihn an: »Wir haben keinen Termin.« Aber man habe doch telefoniert.

»Ja«, gab ich zu verstehen, »aber einen Termin haben wir nicht.«

Daraufhin machte der TV-Mann Druck: »Ich habe gerade mit dem Chef von Edeka gesprochen, der will ab sofort nichts mehr an die Tafel abgeben.«

Achselzuckend wandte ich mich anderen Dingen zu. Wat juckte mich der Herr Reporter? Der aber reagierte zunehmend pampig. Entweder er bekomme nun ein Interview, oder morgen früh um fünf Uhr werde Frau Hayali hier auf der Matte stehen, zischte er drohend hinter mir her.

Die ZDF-Moderatorin Dunja Hayali hatte uns in Posts auf ihrer Facebook-Seite gleich zu Anfang mächtig versenkt: »Die Essener Tafel hat die denkbar schlechteste Möglichkeit gewählt, ein Problem zu lösen. Es ist nicht besonders schlau, am unteren Ende unserer Gesellschaft ›Hunger Games‹ zu veranstalten und Deutsche gegen Ausländer auszuspielen. Also Menschen gegen Menschen.«

Die Frau hat zwar nie mit mir geredet, geschweige denn, dass sie sich die Mühe gemacht hätte, sich selbst ein Bild über die Situation vor Ort zu machen. Aber was soll's. Als Fernsehmensch, finanziert durch GEZ-Gebühren, kannst du dir scheinbar jeden Unsinn erlauben.

Den ZDF-Reporter habe ich abgewiesen: »Es ist mir wahrlich scheißegal, ob Frau Hayali morgen früh zu uns kommt.« Unser Freund vom Zweiten Deutschen Fernsehen bekam sich gar nicht mehr ein. Der Mann zeterte derart herum, dass ich schon befürchtete, er bekäme Schnappatmung. Sein Beitrag hat uns dann auch in ein denkbar schlechtes Licht gerückt. Sogleich assistierte auch mein Kollege von der Wattenscheider Tafel, Manni Baasner, mit einem kritischen O-Ton. Bei solchen Freunden brauchst du keine Feinde mehr.

Diese Zeit war nicht einfach, ging mir schwer unter die Haut. Wer mich aber kennt, der weiß, dass ich zu keinem Zeitpunkt zurückgewichen wäre. Es gab viele Schläge unter die Gürtellinie, aber zusammen mit meinem gesamten Vorstand hegten wir keine Zweifel daran, dass unsere Entscheidung genau die richtige war. Wir mussten Grenzen setzen. Das sehen wir auch im Nachhinein noch so. Ich scheute und scheue mich nicht, die Fakten offen darzulegen, jenseits von AfD-Gehetze oder Gutmenschen-Rhetorik. Ich rede gerne Tacheles. Und im Fall des Aufnahmestopps verhielt es sich nicht anders. Auch wenn selbst so mancher Freund hinter meinem Rücken tuschelte: »Na, da ist der Jörg aber schwer übers Ziel hinausgeschossen. Dat überlebt der nich.« So ein blödes Gerede hat mich mehr getroffen als all die Schelte von außen.

Die Journalistenschar vor dem Wasserturm nahm in der Folge stetig zu. Schließlich bat ich die Leute alle nach oben in unseren größten Raum. Dort fand dann am 23. Februar 2018 eine improvisierte Pressekonferenz statt. Mit einem Mal saßen circa vierzig Reporter vor mir. Die Bude war rappelvoll.

»So, jetzt fangt an«, habe ich die Fragestunde eingeläutet. Je länger die Pressekonferenz dauerte, desto mehr spiegelte sich in den Mienen vieler Journalisten wider, dass sie verstanden hatten. Hier ging es nicht um Rassismus, Diskriminierung, Ausländerfeindlichkeit oder Hungerspiele, sondern um Gerechtigkeit.

Tags darauf drehte sich langsam, aber sicher der mediale Wind. Viele Berichterstatter blieben fair, schilderten den Stand der Dinge, ohne uns in die rechtsradikale Ecke zu stellen. Plötzlich verstand mindestens die halbe Republik, dass der Mann in Essen doch kein Rassist war, sondern nur ein Gleichgewicht unter den bedürftigen Bezugsberechtigten herstellen wollte.

Etliche Journalisten wiesen auf die generelle soziale Schieflage hin, auf das Problem der Umverteilung. Schnell wanderte der Blick nach Düsseldorf und Berlin, wo Bund und Land tatenlos zugeschaut hatten, wie sich die Zahl der bedürftigen Tafel-Kunden in den vergangenen zehn Jahren rasant vermehrte. Das Armutsthema gelangte verstärkt auf die öffentliche Agenda, die wachsende Schere zwischen Arm und Reich beherrschte die Gazetten.

Rückschläge blieben dennoch nicht aus. Am folgenden Wochenende hatten Unbekannte auf Transporter und eine Eingangstür Nazi-Schmierereien gesprüht. »Fuck Nazis« stand da zu lesen. Als ich unsere Zentrale erreichte, warteten bereits zwei Reporter auf mich.

Eine Mordswut trieb mich um. Diese Schmierfinken hatten nicht einen Finger krumm gemacht, um jemals auch nur einem Not leidenden Menschen zu helfen. Geschweige denn, dass sie in der Lage gewesen wären, Zigtausende Bedürftige mit Essen und Lebensmitteln zu versorgen. Und nu mal schnell die Sprühdose auf und los ging es mit der Hetze. Da waren sie wieder, die selbst ernannten Richter.

Mann, war ich sauer. Da reibst du dich sieben Tage in der Woche für den guten Zweck auf, und dann kommen solche Spinner daher, um dich so zu verunglimpfen. Richtig bedient, schimpfte ich lauthals los: »Langsam habe ich aber die Schnauze voll.« Daraus konstruierten die Medien, ich wolle den Bettel hinwerfen und bei der Tafel aufhören. Das kam aber gar nicht infrage, jetzt ging es erst richtig los.

Zu der Zeit fiel es mir nicht immer leicht, meine Emotionen zu zügeln. Zum ersten Mal gebe ich hier etwas von meiner damaligen Gefühlswelt preis und berichte, wie ich die Erlebnisse jener Zeit reflektiert habe. Abends zu Hause auf der Couch beschlichen auch mich zuweilen Zweifel an meinem Handeln. Nicht dass mich die Kritik verunsichert hätte, eher überraschte mich die Wucht der republikweiten Aufgeregtheit über eine – nüchtern betrachtet – rein organisatorische Frage. Mit unserer Entscheidung hatten wir einen empfindlichen Nerv getroffen. Selbst die *New York Times* und die *Washington Post* baten um ein Interview. Das enorme Interesse zeigte, dass sich viele Bürger nicht nur hierzulande über die soziale wie integrative Fehlentwicklung Sorgen machten.

Damals erhielt ich viele Einladungen zu Talkshows, sollte vor der Kamera meinen politisch nicht korrekten Kurs verteidigen. Auf den Ratschlag einiger Freunde hin sagte ich aber allen ab. Der Grund war denkbar simpel: Ich hatte Angst, die Emotionen könnten in solchen Momenten derart hochschwappen, dass ich mich mit meinem Temperament auch schnell mal vergesse und Sätze raushaue, die mir später leidtun würden. Heute reagiere ich an diesem Punkt deutlich entspannter.

Amüsiert beobachtete ich, wie sich plötzlich das Echo änderte und Politiker aus Berlin, der Landesregierung und Opposition sich bei mir die Klinke in die Hand gaben. CSU-Landesgruppenchef Alexander Dobrindt meldete sich genauso wie sein Parteifreund, der heutige Bundesverkehrsminister Andreas Scheuer. Beide erkundigten sich zunächst einmal nach meinem Befinden und dem meiner Familie.

»Ich wollte Ihnen nur sagen, dass wir in der Unions-Bundestagsfraktion vier Stunden über das Thema gesprochen haben«, sagte Scheuer. »Herr Sartor, wenn Sie irgendwelche Hilfe brauchen, mediale oder anderweitige Unterstützung, genügt ein Anruf in meinem Büro.« Zugleich bestärkte er mich in meinem Entschluss, die Talkshows zu meiden.

Auch andere Vertreter der großen Politbühne fühlten sich bemüßigt, ihren Beitrag zu leisten. Selbst der Bundesvorsitzende der Tafel änderte seine Meinung. Plötzlich merkte Jochen Brühl, dass wir eine durchaus positive Diskussion angestoßen hatten. Fortan war die Essener Tafel auch wieder intern wohlgelitten.

Die leise Kritik durch Kanzlerin Angela Merkel nahm ich zwar wahr, aber nicht ernst.

»Ich glaube, da sollte man nicht solche Kategorisierungen vornehmen. Das ist nicht gut«, kommentierte die Regierungschefin in einem RTL-Interview am 25. Februar 2018 unsere Maßnahme. »Aber es zeigt auch den Druck, den es gibt, und wie viele Menschen dieses Bedürfnis verspüren. Deshalb hoffe ich, dass man da auch gute Lösungen findet, die nicht Gruppen ausschließen. Aber es zeigt eben auch, wie viele Menschen auf so etwas angewiesen sind.«

Manche werteten ihre Sätze als harsche Kritik an unserem Vorgehen. Bundestafelchef Brühl preschte forsch vor und stellte sich hinter die Essener Tafel. »Wir lassen uns nicht von der Kanzlerin rügen, denn die aktuelle Entwicklung ist eine Konsequenz ihrer Politik«, schimpfte Brühl in einem Interview.[36]

Man merke auf: Urplötzlich waren wir wieder eine Tafel-Familie. »Die politischen Rahmenbedingungen müssen verbessert werden, das ist nicht die Aufgabe der Tafel. Das ist Aufgabe des Staates«, empörte sich der Bundesvorsitzende weiter.

Der Mann redete sich regelrecht in Rage, hob das enorme Armutsproblem hierzulande hervor und nahm uns urplötzlich in Schutz. Der eigentliche Skandal sei eben nicht, dass die Essener Tafel bis auf Weiteres keine neuen Ausländer mehr aufnehmen möchte. Der Skandal sei vielmehr, »dass es uns seit 25 Jahren gibt, dass wir mittlerweile 1,5 Millionen Bedürftige unterstützen, dass es 250.000 Tonnen Lebensmittelüberschüsse gibt, dass es in diesem reichen Land Menschen gibt, denen es am Nötigsten mangelt«, schäumte Brühl.

Mit mächtigem Furor forderte er im selben Interview von der Politik Lösungen, um das Armutsproblem in Deutschland zu beheben: »Es kann nicht sein, dass Rentner nach einem jahrzehntelangen Arbeitsleben zu wenig Rente haben. Wir haben einen unfassbaren Niedriglohnsektor, dessen Löhne nicht ausreichen. Wir haben eine unzureichende Grundsicherung. Wir haben eine unausgegorene Zuwanderungspolitik. Hartz IV wurde nie weiterentwickelt.«

Mensch, diese Sätze hätten auch eins zu eins von mir kommen können. Kamen sie aber nicht, sondern von jenem Mann, der zu Beginn der Debatte noch strikt gegen den Aufnahmestopp war.

Merkels Kritik habe ich nie als eine Herabwürdigung betrachtet. So wie es ihre Art ist, hatte die Kanzlerin äußerst differenziert ihre Meinung gesagt. Wie ich heute weiß, hatten ihr Düsseldorfer CDU-Granden davon abgeraten, in jener aufgeheizten Stimmung nach Essen zu reisen.

Ganz schlimm empfand ich dagegen den Auftritt des Grünen-Bundestagsabgeordneten Kai Gehring. Der Parlamentarier aus Essen kam, sah und siegte. Zumindest wirkte sein Besuch so bei uns im ehemaligen Wasserturm. Wie einst der römische Feldherr Cäsar rauschte er bei uns herein und erklärte mir, wie sich die Tafel-Welt korrekt zu drehen habe. »Herr Sartor, das geht gar nicht, was Sie da machen.«

Seinem anfänglichen Tremolo folgten dann so unsinnige Vorschläge wie die Trennung der Deutschen von den Migranten. An einem Tag sollte demnach ein Ausländertag stattfinden, anderntags wären dann die Alteingesessenen dran. Umgehend hätte man die Lage entschärft, so der Tenor Gehrings.

»Aber das widerspricht doch dem Gedanken der Integration«, wandte ich ein. »Das ist doch kontraproduktiv hoch drei.« Gehring wischte meine Replik ungehalten weg. Vielmehr schlug er vor, dass man etwa Arabisch sprechende Ordner während der Ausgabetermine aufstellen solle.

Da platzte mir der Kragen: »Kapos hatten wir schon mal, und zwar in den Konzentrationslagern der Nazis.« Das war natürlich überzogen, aber die Unvernunft, die dieser grüne »Volksvertreter« an den Tag legte, ließ meinen Adrenalinspiegel erheblich ansteigen.

Zumal den Grünen-Politiker das eigentliche Problem gar nicht kümmerte: das Ungleichgewicht zwischen der hiesigen und der ausländischen Klientel. Über diesen Missstand verlor Gehring kein Wort. Was scherte ihn auch die Befindlichkeit der armen deutschen Oma, wenn es doch das Flüchtlingsheil zu retten galt. »Herr Gehring, wenn Ihre Mutter an der Straßenbahnhaltestelle aussteigt, weil sie sich bei der Tafel anmelden möchte, und da stehen fünfzig junge Araber, die sich auch noch lautstark in ihrer Sprache unterhalten, glauben Sie wirklich, die stellt sich trotzdem dort an, oder glauben Sie, sie geht wieder?« Gehring blieb stur: »Die stellt sich dahin.« Da habe ich ihn nur noch mitleidig lächelnd angeguckt: »Ja, klar und ein Zitronenfalter, der faltet Zitronen.« Was für ein Unsinn.

In jenen Tagen bescherte die türkische Kleinpartei »Allianz Deutscher Demokraten« (ADD) der Essener Tafel weiteren Ärger. Der Verein suchte uns durch eine Strafanzeige einzuschüchtern. »Es ist uns wirklich nicht einfach gefallen. Doch die ausgebliebene Zivilcourage der Essener Bürger hat uns enttäuscht«, konstatierte der stellvertretende Vorsitzende Recep Dadas in einer Pressemitteilung Anfang März 2018. Konkret zeigte man uns wegen Steuerhinterziehung an. Die Funktionäre begründeten ihren Schritt damit, dass wir als Tafel-Verein durch den Ausschluss von Ausländern nicht mehr allen dienen würden und folglich unsere Gemeinnützigkeit verlieren müssten. Dadurch bestehe der dringende Tatverdacht der Steuerhinterziehung wegen fehlender Anmeldung eines Gewerbebetriebs sowie Hinterziehung von Sozialversicherungsbeiträgen, folgerten die Anzeigenerstatter des ADD-Vorstands.

Ich selbst wurde ebenfalls hart angegangen. »Wer eine rassistische Entscheidung fällt, muss sich auch gefallen lassen, anschließend ein Rassist genannt zu werden«, bekannte Mehmet Tunas, Vorsitzender des Essener Ortsvereins der ADD, in einer Pressemitteilung vom 2. März 2018.

Ich kenne Herrn Tunas nicht, genauso wenig wie die anderen Parteimacher. Besser wäre es gewesen, wenn man sich an einen Tisch gesetzt hätte. Allerdings wird es schwierig, wenn man weiß, dass Staatsschützer die Parteimitglieder in die Nähe des türkischen Autokraten Erdoğan rücken. Ich wüsste nicht, warum man einer Minipartei, die den türkischen Völkermord an etwa 1,5 Millionen Armeniern während des Ersten

Weltkriegs nach wie vor abstreitet, die das Kopftuch für Frauen propagiert und zu einer erzreaktionären Islamströmung neigt, auch nur ein Jota Aufmerksamkeit schenken sollte.

Insofern kann ich die Gemüter beruhigen. Inzwischen wurden die von der ADD angestrengten Verfahren eingestellt. Die Essener Tafel ist und bleibt ein gemeinnütziger Verein. Folglich sind wir nur dem Finanzamt und unseren Mitgliedern Rechenschaft schuldig.

Und nicht etwa auch der polnischen Botschaft. Das Kölner Generalkonsulat forderte uns Anfang März 2018 drei Mal schriftlich auf, dezidiert Stellung zu unserer Entscheidung zu beziehen. »Wir bitten um Informationen Ihrer Aufnahmekriterien und um Klarstellung, welche Wege polnische Bedürftige künftig einschlagen sollen, um die Leistungen vor Ort beziehen zu können?« Wir haben nicht geantwortet. Schließlich ist die Essener Tafel keine staatliche Einrichtung und somit einzig ihren eigenen durch den Vereinsvorstand festgelegten Regeln verpflichtet.

In jener Zeit erreichte uns ein Umschlag mit weißem Pulver. Zunächst reagierten wir unschlüssig. Manche fürchteten einen Anschlag. Ich habe die Polizei gerufen. Alarm. Blaulicht. Staatsschutzeinsatz. Untersuchung. Am Ende entpuppte sich das Pulver als harmloses Mehl.

Die steten neuen Nachrichten aus allen Ecken der Republik, der pressemäßige Hype, das ganze Brimborium sorgten bei uns in jenen Tagen für einen permanenten Ausnahmezustand. Dabei wollten wir doch eigentlich nur in Ruhe unsere Lebensmittel an bedürftige Menschen verteilen.

Der Frühling 2018 erinnert mich auch heute noch an ein politisch-mediales Pingpong-Spiel. Je nach Couleur wechselten sich Zuspruch und Kritik ab. Dabei verliefen die Grenzen zuweilen mitten durch die Parteien.

Unablässig klingelte das Telefon in jener Phase. Bald meldeten sich auch prominente Vertreter der SPD. Franziska Giffey kannte als Bezirksbürgermeisterin des Ausländer-Hotspots Berlin-Neukölln das Integrationsproblem zur Genüge. Geduldig beschrieb ich ihr unsere Motivlage für den zeitweiligen Stopp. Eine Stunde lang tauschten wir uns aus. Anders als ihre Parteikollegin Katarina Barley zeigte Franziska Giffey in unserem Gespräch durchaus Verständnis für meine Haltung.

Anderthalb Wochen später, inzwischen war die Sozialdemokratin zur neuen Bundesfamilienministerin gekürt worden, schaute die Politikerin bei uns vorbei. Mir hat das imponiert, dass jemand sich aus Berlin auf den Weg ins Revier machte, um persönlich die Situation vor Ort in Augenschein zu nehmen. An dieser Stelle sei erwähnt, dass die Familienministerin zugleich auch als Schirmherrin der Tafeln fungiert. Insofern kam das Interesse auch nicht ganz von ungefähr.

Begleitet wurde die Ministerin bei ihrem Besuch von dem unvermeidlichen Bundestafelchef Brühl und unserem Essener Sozialdezernenten Peter Renzel. Nach dem Rundgang durch unsere heiligen Hallen wurde bei einer einfachen Gulaschsuppe heftig debattiert. Das heißt: Die beiden männlichen Besucher führten das große Wort, referierten über Kinderarmut etc. etc., spreizten sich wie Gockel auf der Balz. Mein Einsatz beschränkte sich auf einige wenige Bemerkungen über unsere spezielle Situation.

In der Folgezeit überstürzten sich die Ereignisse. Reporter baten Ende Februar/Anfang März um Langzeitreportagen, zugleich konnten wir wieder mehr ältere deutsche Kunden an unsere Ausgabestellen lotsen. Margarethe zum Beispiel. Ihren Nachnamen möchte sie hier nicht lesen. Die Rentnerin hatte unsere Tafel monatelang gemieden. Irgendwann sah ich sie an einem Mittwoch da draußen stehen.

»Herr Sartor, kann ich wieder eine neue Bezugskarte bekommen, die anderen haben gesagt, es ist wieder viel ruhiger geworden.« Solche Begegnungen gingen mir nahe. Da wurde mir einfach nur warm ums Herz. Das sind jene Momente, für die ich mich gerne bei der Tafel engagiere. Genau diese Menschen brauchen uns, und genau ihnen sollte unsere Fürsorge gelten.

Unterdessen klopfte die Landespolitik an: Integrationsminister Joachim Stamp von der FDP besuchte die Tafel. Er räumte offen seinen Dissens mit unserem Beschluss ein: Gutheißen könne er unseren vorläufigen Aufnahmestopp nicht, »aber das ist Ihre freie Entscheidung. Sie sind ein eingetragener Verein und können machen, was Sie wollen.« Ein entsprechendes Statement gab er dann draußen vor dem wartenden Journalistenpulk ab.

NRW-Ministerpräsident Armin Laschet (CDU) meldete sich auf dem Weg nach Aachen. Seine erste Frage lautete: »Wie geht's Ihnen, kommen Sie klar, wie kommen Ihre Frau und Ihre Familie damit klar?«

Das hat mich beeindruckt. Das Gespräch drehte sich anfangs nicht um die hohe Politik oder die gesellschaftlichen Folgen unserer Entscheidung. Zunächst einmal erkundigte sich Laschet nach dem persönlichen Wohlergehen. Auf mich wirkten diese Fragen glaubhaft. Kein gespieltes Interesse, kein aufgesetztes Blabla. Laschet fuhr fort: »Haben Sie alles im Griff?

Mit dem Sozialdezernenten Renzel haben Sie ja einen guten Mann an Ihrer Seite.«

Da hatte er recht. Der CDU-Sozialdezernent nebst Essens Oberbürgermeister Kufen hatten uns von Anfang an die Stange gehalten. Der Ministerpräsident erwähnte dann Gespräche mit der Kanzlerin. Angela Merkel sei drauf und dran gewesen, nach Essen zu reisen. Davon aber habe Laschet ihr abgeraten, weil der Zeitpunkt unpassend gewesen wäre.

»Ehrlich gesagt«, erwiderte ich erstaunt, »hätte ich den Besuch als völlig überzogen empfunden.« Bis heute frage ich mich allerdings, warum Laschet mich überhaupt angerufen hatte? Ganz Politprofi ließ der Regierungschef im Telefonat offen, wie er über unseren Entschluss dachte.

Dabei hatte Armin Laschet einst im Kabinett von Jürgen Rüttgers (CDU) zwischen 2005 und 2010 als bundesweit erster Politiker den Posten des Integrationsministers bekleidet. Und wenn einer den merkelschen Refugee-Welcome-Kurs stets mit Beifallsbekundungen begleitet hatte, dann war es Laschet gewesen. Umso mehr erstaunte mich seine Zurückhaltung in Bezug auf unser Handeln.

Last, but not least erlebten wir ein seltsames Déjà-vu mit der Opposition im NRW-Landtag: Thomas Kutschaty, SPD-Fraktionschef im Landtag und Vorsitzender der Essener Sozialdemokraten, wetterte gegen die hiesige CDU-Stadtspitze. Kutschaty hatte die Frage gestellt, warum Sozialdezernent Renzel und Oberbürgermeister Kufen sich nicht schon längst um das Problem der Essener Tafel gekümmert hätten. Schließlich sei der Verwaltung die Situation dort schon länger bekannt gewesen.

Mein Konter in der *Westdeutschen Allgemeinen Zeitung* (1. März 2018) erfolgte umgehend: »Der Sozialdezernent und der Oberbürgermeister sind die Einzigen gewesen, die der Tafel von Anfang an geholfen haben. Das heißt nicht, dass sie es richtig finden, was die Tafel gemacht hat.«

Kutschatys Vorwurf ging mir zu weit. Aus meiner Sicht hatte sich der Essener Parteichef ein starkes Stück geleistet. Mein ganzes Leben lang hatte ich SPD gewählt. Damit aber war es nun vorbei: »Mein Vater war Bezirksvertreter in Gelsenkirchen, meine ganze Familie ist SPD. Für mich hat sich das jetzt erledigt.«

Die Ruhr-Sozen hatten meiner Meinung nach immer noch nicht begriffen, welche Tristesse sich täglich in unseren Städten abspielte. Zumindest spiegelte sich dies in Kutschatys Äußerungen wider. Allein aus parteipolitischem Kalkül suchte die Landes-SPD mit kruden Anschuldigungen gegen die Union wieder ein wenig Lufthoheit in der Debatte zurückzugewinnen. Aus meiner Sicht ging es einzig und allein darum, dem politischen Gegner, der die einstige Genossen-Hochburg Essen übernommen hatte, eins auszuwischen.

Kutschatys Schelte beinhaltete weder Fakten noch Sachkenntnis. Bis dato war auch keiner der Herrschaften bei uns gewesen. Da hatte mal einer aus der Düsseldorfer SPD-Landtagszentrale die Keule rausgeholt, um verbal auszuteilen, ganz gleich, ob die Behauptungen wahr oder falsch waren.

Umgehend meldete sich Kutschatys Büro. Der Fraktionsvorsitzende wolle mal an einem Tag einen Lebensmitteltransporter auf seiner Tour begleiten. »Okay«, habe ich geantwortet, »aber ohne Pressetross.«

Gesagt, getan. Kutschaty startete morgens um acht mit einem unserer Fahrer. Anschließend kam er zu mir ins Büro. Kaum hatten wir die Tür geschlossen, fragte mich der Politiker allen Ernstes: »Herr Sartor, was haben Sie denn gegen die SPD?«

Eher belustigt schaute ich den Fraktionschef an: »Das kann ich Ihnen erklären. Keiner von der SPD hat sich bisher um die Probleme gekümmert. Und keinen hat et bis heute interessiert, wat hier los iss.« Kurze Pause. Dann hob Kutschaty wieder an: »Aber ich bin doch da.« Mein Blick taxierte ihn fragend: »Aber Sie sind doch nur da, weil ich Sie in der Zeitung verhauen habe. Erzählen Sie mir doch nicht so einen Mist.«

Eine Stunde lang habe ich ihm die Versäumnisse aufgezählt, die seine Partei in meiner Stadt und anderswo im Ruhrpott verbrochen hatte. All die Fehler, das Weggucken, der schöngeredete wirtschaftliche Strukturwandel, der tatsächlich immer noch auf sich warten lässt, die wachsende Armut, die gespielte Integrationsromantik, ohne wirklich etwas zu bewirken.

Kritiker und parteiinterne Mahner wurden gerade durch die Essener SPD auf Druck der damaligen Ministerpräsidentin Hannelore Kraft rausgemobbt – mit der simplen Schlussfolgerung, damit sei alles geregelt. »Nee«, habe ich gesagt, »und nun, wo das Kind in den Brunnen gefallen ist, noch ein Fass aufzumachen gegen jene, die die Scherben ihrer verkorksten Politik aufsammeln sollen, geht gar nicht.«

Draußen wartete eine TV-Reporterin von einem Privatsender. Kutschaty ging, ohne einen weiteren Kommentar abzugeben.

Bundesarbeitsminister Hubertus Heil (SPD) hingegen kam mir freundlich entgegen. Jovial nahm er mich Wochen später am Rande eines Zukunftskongresses beiseite. Gerade erst hatte Heil in den Verhandlungen der großen Koalition die höhere Grundrente nach 35-jähriger Beschäftigung auf den Weg gebracht. Auch das neue Hilfegesetz für Langzeitarbeitslose ging problemlos durch. Ich hatte den Eindruck, er empfände die durch den Aufnahmestopp ausgelöste Debatte um das soziale Missverhältnis als fruchtbar.

Ohnehin werde ich schnell leicht rot im Gesicht. Aber in dem Fall war es angebracht. »Mensch Sartor, du und die große Politik?« Solche Gedanken gingen mir durch den Kopf. Umgehend kam ich aber wieder herunter auf Mutter Erde. »Immer ruhig bleiben«, habe ich mir gesagt.

Wie gesagt, der ganze Rummel kam mir überzogen vor. Genauso wie das laufende Auf und Ab, das wir in den Monaten erleben mussten. Allerdings machte es mich auch ein Stück weit stolz, sollte der Verein durch seine Courage dazu beigetragen haben, die Sozialpolitik in unserer Republik zum Positiven zu verändern.

Positiv, negativ. Gut und Böse. Yin und Yang. Die Schwankungen, denen wir ausgesetzt waren, hinterließen Spuren. Das Vereinsschicksal glich mitunter einem krängenden Schiff in stürmischer Nacht, das kurz davor war, an der nächsten hohen Welle zu zerbrechen. Wir haben seinerzeit viel mitgemacht. Und manches Leck musste gestopft werden.

In all jenen Wochen habe ich aber vor allem eines gelernt: In Deutschland darf man immer noch nicht jede unliebsame Wahrheit aussprechen. Ich denke da genauso wie der Ex-

Nationalhandballer Steffen Kretschmer, der dies in einem Telekom-Interview am 9. Januar 2019 bekundet hat. »Für jeden Kommentar bekommst du eins auf die Fresse. Wenn du eine polarisierende Meinung hast, finden die 50 Prozent scheiße. Für alles, was dich von der Masse abhebt, erntest du einen Shitstorm. Dem setzt sich kein Profisportler aus. Alle gehen ihren gemütlichen Weg, keiner streckt den Kopf höher heraus, als er muss. Das würde ich genauso tun. Welcher Sportler äußert sich denn heute noch politisch? Es sei denn, es ist die Mainstream-Meinung, mit der man nichts falsch machen kann. Eine gesellschafts- oder regierungskritische Meinung darf man in diesem Land nicht mehr haben.«

Kretschmer steht meinen Anschauungen sicher kritisch gegenüber. Wir liegen vermutlich nicht auf derselben politischen Wellenlänge. Aber sein Kommentar hat mir imponiert. Obschon etliche Medien ihn dafür geschlachtet haben. Aber Kretsche blieb dabei. Von hier aus sende ich ihm ein großes Kompliment. Denn er hat hundertprozentig recht. Falls man sagt, was man denkt, öffnen die Journalisten oder die Politik sogleich eine Schublade. Und schwupp wirst du hineingeworfen. So wie früher bei Aschenputtel: die Guten ins Töpfchen, die Schlechten ins Kröpfchen. Dabei kann man am Beispiel der Debatte um unseren Tafel-Entscheid entsprechend feststellen, dass gerade Meinungen, die gegen den Mainstream gehen, wertvolle Debatten auslösen können.

Mitunter beschleicht mich in dem Kontext das Gefühl, unser Land geht zu fahrlässig mit Andersdenkenden um. Wir rollen über diese Menschen mit einer Meinungswalze hinweg. In der Hoffnung, dass damit ihr Widerspruch verschwindet. So aber bekommen wir den gesellschaftlichen, deutschen Orbit nicht wieder ins Gleichgewicht.

Im April 2018 haben wir den Aufnahmestopp aufgehoben – mit dem Erfolg, dass derzeit 55 Prozent Deutsche und 45 Prozent Ausländer an unserer Ausgabestelle ihre Lebensmittel entgegennehmen. Die Balance hält sich, bleibt aber fragil. Doch damit kann ich leben. Wir zählen in Essen knapp ein Drittel Migranten. Mit unserer Bedürftigenrate an der Tafel liegen wir hier weit drüber. Ich will keine Erbsen zählen, aber irgendwo muss das Verhältnis stimmen. Wieder so eines dieser Gerechtigkeitsdinger, die mich antreiben.

Manche Polit-Promis teilen bis heute meine Sicht der Dinge. Darunter beispielsweise der Ex-NRW-Ministerpräsident und ehemalige Bundesfinanzminister Peer Steinbrück (SPD). Sein Brief tat gut. Steinbrück sprach mir seinen Respekt für unser Auftreten in »schweren Turbulenzen« aus. Zugleich prangerte der einstige SPD-Kanzlerkandidat die Kritik mancher Kollegen auch an höchster Stelle an, die »ohne irgendwelche Kenntnisse vor Ort sich Stellungnahmen anmaßen«. Deshalb hat Steinbrück uns seinerzeit 1000 Euro gespendet.

»Reich sind jene, die wahre Freunde haben«, bekannte einst der englische Historiker Thomas Fuller. Der Mann ist zwar seit 358 Jahren tot, aber dieser Satz sagt mehr aus als vieles andere.

Kapitel 12

Ruhrgebiet reloaded

Tief im Westen schließen städtische Schwimmbäder, Theater und öffentliche Bibliotheken. Schulgebäude verlottern, weil den Kommunen das Geld für die Sanierung oder aber die Mittel für jenes zusätzliche Personal fehlen, um die Reparaturen in Gang zu bringen. Das Straßen- und Brückennetz ist teils völlig veraltet, die Sozial- und Integrationslasten explodieren, der bezahlbare Wohnraum schwindet, die Wirtschaftsleistung im NRW-Kernland an Emscher und Ruhr lässt zu wünschen übrig. Man könnte das Meckern und Jammern endlos fortsetzen. Wenn es da keinen Ausweg gäbe?

Doch, es gibt ihn. Und er lautet: »Jetzt ist der Westen dran.« Zumindest jene Not leidenden Regionen in den alten Bundesländern, die wie das Ruhrgebiet dringend eine weitgefächerte Unterstützung benötigen.

Im Jahr 2019 soll der Solidarpakt II für Ostdeutschland auslaufen. Dann sind 156,6 Milliarden Euro von West nach Ost geflossen. Bezahlt unter anderem durch hoch verschuldete Städte wie Oberhausen, Mülheim an der Ruhr oder Gelsenkirchen. Duisburg allein hat in den vergangenen gut zwei Jahrzehnten mehr als eine halbe Milliarde Euro für neue Kredite mit dem

Vermerk »Aufbau Ost« aufnehmen müssen. Meine Heimatstadt sitzt auf 2,2 Milliarden Miesen, ein Drittel davon ist den Zuschüssen für den Soli geschuldet. Wenn nicht irgendein guter Geist aus der Politik endlich ein Einsehen hat, gehen die Ruhrkommunen an ihren finanziellen Altlasten zugrunde.

Während in Sachsen oder Mecklenburg-Vorpommern neue Autobahnen durchs Land führen, flicken die Straßenbaumeister bei uns nur notdürftig die am meisten befahrenen, europäischen Verkehrsknotenpunkte zwischen Dortmund und Köln.

Im Ruhrgebiet müssen die Kommunen Nothaushalte aufstellen, während Gemeinden in Sachsen dank der Westtransfers längst schwarze Zahlen schreiben. Dresden zum Beispiel schöpft aus dem Vollen. Fairerweise sei erwähnt, dass Sachsens Hauptstadt unter anderem mit dem Verkauf der kommunalen Immobiliengesellschaft städtisches Tafelsilber veräußert hat, um schuldenfrei zu werden. Wer aber wirklich sehen will, wie gut es sich inzwischen in der barocken Perle an der Elbe leben lässt, sollte eine Stadtrundfahrt absolvieren.

Ein Bekannter, der sich vor drei Jahren die Zeit für die Sightseeingtour nahm, kam aus dem Staunen nicht mehr heraus. Stolz wies die Führerin aus dem Busfenster beispielsweise auf eine schicke Wohnsiedlung hin.

»Das war mal alles völlig heruntergekommen, nach der deutschen Einheit wurde das gesamte Gelände hochwertig saniert und sogar mit umweltfreundlicher Wärmetechnik ausgestattet.« Keine Frage, woher das Geld stammte. Ich denke mal, in Duisburg-Marxloh, Altenessen oder in Gelsenkirchen-Horst wäre man froh über solche staatlich alimentierte Musterquartiere. Ganz zu schweigen von neuer Heizungstechnik.

Von den 400 Städten in Nordrhein-Westfalen führen gerade einmal acht einen ausgeglichenen Haushalt. Trotz immer noch fortwährender Strukturprobleme in manchen Regionen sind viele Kommunen und Städte in den fünf neuen Bundesländern wieder auf die Beine gekommen. Auch dank der Milliardenstütze aus dem Ruhrgebiet. Und diejenigen, die das möglich gemacht haben, stecken nun tief in der Kreide. Ein Absurdum sondergleichen. »Man kann solche Vergleiche populistisch nennen, aber die Fakten stimmen«, mahnte Bernd Dörries in der *Süddeutschen Zeitung* bereits am 4.November 2011.

Im Jahr zuvor hatte gar die damalige NRW-Ministerpräsidentin Hannelore Kraft den Soli West in die politische Diskussion eingebracht. Viele Politgrößen warben für einen gesamtdeutschen Solidarpakt, der nach Bedürftigkeit und nicht nach Himmelsrichtungen finanziell kränkelnden Gemeinden unter die Arme greifen sollte.

Neun Jahre später, Anfang April 2019, veröffentliche die Bertelsmann Stiftung eine Studie, die insbesondere 13 Metropolen an der Ruhr als das Armenhaus der Republik auswies. Hier massiert sich die Zahl der sozial Abgehängten, hier herrscht auch der größte Geldbedarf der öffentlichen Haushalte, so der Kernsatz der Expertise.[37]

Daraufhin forderte der Städtetag NRW Bund und Länder auf, die strukturschwachen Regionen und Kommunen stärker zu fördern und von Altschulden zu entlasten. Ein hehrer Wunsch, der seit gut einem Jahrzehnt immer wieder über alle Parteigrenzen hinweg verkündet wird. Allein, es geschieht nichts.

Die schwarze Null in der Berliner Regierungszentrale zählt nun einmal mehr als das tiefrote Minus zwischen Duisburg und Dortmund. Ich erinnere mich noch gut, als die öffentliche Diskussion über den auf der Kippe stehenden Brennpunkt in Duisburg-Marxloh und seine immensen Integrationsprobleme entbrannte. Selbst Angela Merkel schaute sich vor Ort um, sprach einige salbungsvolle Worte und entschwand wieder.

Und was passierte dann? Nichts. Rein gar nichts. Same procedure as every year. Quasi ein Ritual des Aussitzens durch die ostdeutsche Kanzlerin – ganz nach dem Motto: »Lass die Wessis doch jammern, so schlecht kann es denen doch gar nicht gehen.«

Landauf, landab mahnten die Armutsforscher zwar, es müsse sich etwas ändern, die Stadtkämmerer warnten vor dem finanziellen Exitus, die Sozialkosten stiegen rasant weiter, aber im Kanzleramt schob man seit jeher allen Überlegungen über einen Soli West einen Riegel vor. Beinahe reflexartig wandte sich Merkel auch gegen Pläne, den Soli Ost durch einen gesamtdeutschen Hilfspakt zu ersetzen.

Mitunter erstaunt mich vor allen Dingen eines: nämlich dass die Bürger in den Ruhrmetropolen diese Ungerechtigkeiten so ruhig ertragen. Ich frage mich, warum die Menschen nicht längst auf die Straße gegangen sind. So wie die rechten Krawallmacher in Chemnitz, die zwar von Überfremdung faseln, aber im Vergleich zu den weit höheren Migrationsquoten an Rhein und Ruhr in Wahrheit gar keinen Grund haben, ein empörtes Geschrei anzustimmen.

Eine Grundsatzdebatte ist längst überfällig. Wir müssen endlich darüber diskutieren, wie es weitergehen soll mit der innerdeutschen Solidarität. Viele Verkehrswege in NRW sind weit über vierzig Jahre alt und bedürfen einer dringenden Reparatur.

Hunderte Brücken an Autobahnen und Landstraßen im bevölkerungsreichsten Bundesland sind so marode, dass sie in den kommenden Jahren neu gebaut werden müssen.

Folglich hörten wir die Worte der Kanzlerin gerne, als sie bereits 2008 bekundete: »Der Westen ist verstärkt am Zuge.« Der Bund werde mehr Geld für Straßen, Bus und Bahn aufwenden. Angekommen ist die Hilfe aber viel zu spät und dann auch nur rudimentär.

Erst im Jahr 2016 verabschiedete das Bundeskabinett einen Verkehrswegeplan. Bis 2030 gibt der Bund 264,5 Milliarden Euro für Sanierung und Neubau von Autobahnen nebst Bundesstraßen aus. 41 Prozent aus dem Topf kommen der Bahn zugute.

Eine Milliarde Euro soll pro Jahr bis 2030 an Rhein und Weser fließen. Die NRW-Unionspolitiker jubelten beinahe ekstatisch ob dieser guten Nachricht. Oliver Wittke, CDU-Staatssekretär im Wirtschaftsministerium, sprach von einem »richtig dicken Schluck aus der Pulle«.

Dabei ließ er ganz unerwähnt, dass seine Freunde von der bayerischen CSU seit Jahren das wichtige Verkehrsressort im Kabinett Merkel besetzen und dem Freistaat alljährlich einen weitaus größeren Schluck zukommen lassen. So fällt es der Bayerischen Landesregierung auch leichter, eine halbe Milliarde Euro jährlich mehr in ihr Verkehrsnetz zu investieren als die Unionskollegen in Düsseldorf. O'zapft is. Der Weg zum Oktoberfest nach München über die A 9 findet sich sicher leichter und schneller als der Weg zum Karneval nach Köln über die marode Leverkusener Autobahnbrücke.

Abseits der Investitionspläne in die nordrhein-westfälische Infrastruktur fehlt mir immer noch der Masterplan für meine

Heimat. NRW-Wirtschaftsminister Andreas Pinkwart (FDP) warnt zwar stets vor latenter Miesmacherei, hebt die Erfolge im Bereich prosperierender Dienstleistungsbetriebe und der Digitalisierung hervor. Fakt ist aber dennoch, dass jeder fünfte Einwohner an der Ruhr am Tropf staatlicher Stütze hängt.

Die soziale Schieflage weitet sich in der einst blühenden Montanregion mit ihren fünf Millionen Einwohnern inmitten Deutschlands zusehends aus. Die Kommunen im Revier können sich angesichts der klammen Finanzlage nicht rühren. Den Stadtoberen sind vielerorts die Hände gebunden, weil die Schuldenlast der Vergangenheit ihnen die Luft zum Atmen nimmt. »Gestalten kannste nur, wenn du wat in der Tasche hast«, habe ich immer gesagt.

Ehrenhalber sei auch an dieser Stelle erwähnt, dass die meist roten Stadtfürsten in den 70er- bis 90er-Jahren offenbar gedacht haben, dass die Kredite endlos weiterfließen würden. Manche Rathausspitze hat Schulden gemacht auf Teufel komm raus. Nur hilft es keinem, mit dem Finger in der Wunde zu rühren, sich umzudrehen und zu sagen: »Selbst schuld.« Die Menschen im Ruhrpott brauchen Unterstützung, eine neue Perspektive, ein Gefühl, dass es mit ihren Städten wieder aufwärtsgeht.

Hilfreich wäre eine Art Reset-Knopf: Wir stellen alles auf Anfang. Ruhrgebiet reloaded. Weg mit den Altschulden. Wie wäre es mit einer »Bad Bank fürs Revier«, einer Landesgesellschaft, die alle Altschulden aufnimmt und abwickelt? So etwa wie bei der einstigen NRW-Landesbank WestLB.

Wenn wir Griechenland mit Milliardenbürgschaften über Wasser halten konnten, um die Europäische Union zu stabilisieren, wenn wir in der Immobilienkrise die Banken mit zig Milliarden stützen konnten, warum tun wir es jetzt nicht mit dem bevölkerungsreichsten Ballungsraum Deutschlands?

Das Ruhrgebiet ist nicht Taka-Tuka-Land, sondern eine Region, die weitaus mehr Einwohner zählt als Sachsen-Anhalt und Mecklenburg-Vorpommern zusammen. Hannelore Kraft, einst SPD-Ministerpräsidentin, wollte die Stimme dieser Mahner werden. Des Öfteren kündigte sie an, den Solidarpakt Ost neu verhandeln zu wollen. Danach hat man von diesem Vorhaben nicht mehr viel gehört.

Kraft kümmerte sich zumindest um die Kommunen in NRW, verteilte über einen Hilfsfonds Geld zum Überleben. Eine groteske Entwicklung: Das Land NRW fördert defizitäre Ruhrgebietsstädte, damit diese ihre Zuschüsse für den Osten zahlen können. Dieser Hilfspakt hat zumindest dazu geführt, dass die Hälfte der NRW-Kommunen inzwischen keine neuen Darlehen mehr aufnehmen müssen, darunter auch meine Heimatstadt Essen.

Was bleibt, sind die Altlasten in Milliardenhöhe, deren Tilgung den betroffenen Metropolen den finanziellen Spielraum raubt, um eine sinnvolle Stadtentwicklung zu betreiben. Anstatt zu sparen, müssten die Gemeinden im Revier in sozialen Wohnungsbau, in die Sanierung von Bildungseinrichtungen, in Integrationsprojekte investieren. Sie müssten vor allem Geld in jene Viertel stecken, die zu kippen drohen, müssten eine bessere soziale Mischung in den Quartieren fördern.

Ferner brauchen wir einen zweiten Arbeitsmarkt, der staatlich finanziert wird. Wer etwa in Essen sieht, dass 96 Prozent der Flüchtlinge keinen deutschen Berufsabschluss besitzen,[38] sollte daraus seine Schlüsse ziehen. Zum einen sollten wir darüber nachdenken, inwieweit wir vorhandene Berufsabschlüsse aus dem Ausland anerkennen können. Andererseits müssen wir die meist jungen Asylberechtigten schneller mit unserer Sprache vertraut machen und sie in eine Ausbildung oder einen Job bringen. Und wenn nicht auf privatem Wege, dann über Firmen der öffentlichen Hand. Ansonsten landen diese Leute auf der Straße, werden kriminell, bilden Parallelgesellschaften.

Die ersten Anzeichen dafür hat die Essener Polizei bereits ausgemacht. NRW-Innenminister Herbert Reul (CDU) äußerte sich in einem Interview mit dem *Kölner Stadt-Anzeiger* am 12. April 2019 besorgt über »Anzeichen dafür, dass sich Großfamilien aus dem irakisch-palästinensisch-syrischen Bereich formiert haben, die vor allem im Rauschgiftbereich versuchen, die Macht zu übernehmen«. Dabei handele es sich oft um junge Araber, die bisher Handlanger alteingesessener kurdisch-libanesischer Clans gewesen seien, »nun aber selbst ins Geschäft einsteigen wollen«, führte Reul aus. Unter ihnen befänden sich viele mit Kriegserfahrung aus den Konflikten in Syrien und im Irak. Noch sei das kein Massenphänomen, allerdings handele es sich um eine sehr ernst zu nehmende Entwicklung.

Bisher sind es vereinzelte Auswüchse, aber sie weisen auf einen gefährlichen Trend hin. Wir schaffen die Integration der Flüchtlinge nur, wenn sich der Arbeitsmarkt wesentlich mehr öffnet. Allerdings braucht die Wirtschaft vor allem qualifiziertes Personal, und in diesem Sinne gut ausgebildet ist nur ein Bruchteil der Neuankömmlinge aus den Jahren 2013 bis heute.

Nur wer gut Deutsch spricht, findet Arbeit, nur wer Arbeit hat, kann sich gut integrieren. Doch fielen die Ergebnisse der Sprachtests, denen sich Zuwanderer mit guter Bleibeperspektive am Ende eines etwa sechsmonatigen Integrationskurses unterziehen müssen, enttäuschend aus: Nur jeder zweite erreichte laut den Statistiken des Bundesamts für Migration und Flüchtlinge in den ersten neun Monaten 2018 das Sprachniveau B1. Dieses Level gilt als Voraussetzung für einfache Arbeiten etwa als Reinigungskraft oder als Küchenhilfe. Im Jahr zuvor sahen die Ergebnisse nicht viel besser aus.

Vor diesem Hintergrund sollten wir eine staatlich finanzierte Jobmaschine anwerfen, die es ermöglicht, viele einfache Tätigkeiten in den Städten fortan durch leidlich ausgebildete Zuwanderer erledigen zu lassen. Denn eines ist mal klar: Ein Großteil dieser Menschen wird nicht mehr in ihre Heimatländer zurückkehren.

Zudem sollten wir endlich unseren Kuschelkurs beenden und eine sprachliche Bringschuld einfordern. Wer sich integrieren will, lernt Deutsch, andernfalls sollte man über Sanktionen nachdenken bis hin zur Ausweisung.

All dies löst aber noch lange nicht weitere elementare Probleme: Wie können wir Zuwanderung so gestalten, dass sie die öffentlichen Kassen nicht schröpft, sondern füllt? Wie können wir dafür sorgen, dass nicht weitere Hunderttausende Flüchtlinge unseren Sozialsystemen zur Last fallen?

Unbestritten benötigen wir Fachkräfte aus dem Ausland: Ingenieure, Naturwissenschaftler, Entwickler, Handwerker oder Facharbeiter, Pflegekräfte. Diesen Leuten müssen wir mehr als zuvor einen roten Teppich auslegen. Wir müssten uns wieder aufmachen und neue Anwerbebüros eröffnen so wie in den 50er-Jahren, als die ersten Gastarbeiter ins Land kamen. Wir sollten ein Prämiensystem entwickeln, damit gut ausgebildete Frauen und Männer sich für Deutschland entscheiden und nicht woanders hingehen.

Ferner sollten die Regierenden weiter daran arbeiten, die Zahl der Langzeitarbeitslosen zu reduzieren. Das Teilhabechancengesetz, das in den ersten beiden Jahren den Lohn für diese Leute bei einer Festanstellung übernimmt, ist ein guter Schritt. Wir bei der Tafel konnten auf dieser Basis zwei Helfer anstellen. Wenn es uns jetzt gelingen könnte, einen staatlich subventionierten Arbeitsmarkt aufzubauen, würden wir viele Langzeitempfänger von Hartz IV wegbekommen von der Straße.

Ferner verstehe ich nicht, warum inzwischen fast jedes fünfte Kind in NRW laut einer Pressemitteilung der Bundesagentur für Arbeit vom 20. Mai 2019 im vergangenen Jahr Hartz-IV-Hilfen in Anspruch nehmen musste. Allein in NRW leben rund 600.000 Minderjährige, die staatliche Mindestsicherungsleistungen brauchen, teilte die NRW-SPD-Fraktion im Landtag in einer Pressemitteilung drei Tage später mit. Fazit: Die Kinderarmut wächst zusehends, die Schere zwischen Arm und Reich klafft weiter auseinander denn je.

Ich pflege weiß Gott ein ambivalentes Verhältnis zur SPD. Aber der Vorschlag ihres sozialpolitischen Fraktionssprechers im Landtag NRW, Joseph Neumann, hat mir imponiert: »Es ist Zeit für einen Systemwechsel. Es ist an der Zeit, Kindergeld, Kinderfreibeträge, Kinderzuschlag und andere Familienleistungen zu einer Kindergrundsicherung zusammenzuführen.«

Konkret schlug der Parlamentarier eine Kindergrundsicherung in Höhe von 628 Euro monatlich vor: Neben dem Existenzminimum für Essen, Kleidung und Wohnen soll die Öffentliche Hand 220 Euro für Bildung und Betreuung zur Verfügung stellen. Ich weiß, da werden viele liberale Wirtschaftspolitiker aufschreien. »Wer soll das bezahlen?«, heißt es dann. Ich bin wahrlich kein Sozialromantiker. Man sollte sich stets darüber Gedanken machen, wie man das Geld verdient, ehe man die Mittel verteilt.

Andererseits sei aber auch bemerkt, dass unser Land, unsere Region und gerade die Ruhr-Städte nichts so sehr brauchen wie gut ausgebildeten Nachwuchs, der den postindustriellen Wandel mit Köpfchen nach vorne treibt. Dabei gilt es nicht nach dem Gießkannenprinzip zu verfahren, um soziale Wohltaten zu verteilen. Fördern und fordern, das Credo des Essener Sozialdezernenten Peter Renzel, erscheint mir in diesem Kontext der zielführende Weg zu sein. Warum sollte der Staat nicht auch seine Zuwendungen vom Leistungswillen der erwachsenen und arbeitsfähigen Empfänger abhängig machen?

Im Ruhrgebiet befinden wir uns in vielerlei Hinsicht am Scheideweg. Gelingt uns das wirtschaftlich-soziale Comeback? Oder erleben wir eine Zweiklassengesellschaft mit Armengettos, wie sie etwa in den französischen Vorstädten bestehen, und reichen Vierteln, deren Bewohner ihre Häuser und Quartiere mit Zäunen und Mauern umgeben?

Angesichts der demografischen Entwicklung nebst dem zunehmenden Niedriglohnsektor droht die Zahl der verarmten Senioren und Seniorinnen weiter zu wachsen. Die Sozialkosten im Ruhrgebiet und in anderen prekären westdeutschen

Regionen klettern unaufhörlich. Wer für zwölf Euro die Stunde jahrzehntelang arbeitet, landet im Alter unweigerlich in der Armutsfalle. Insofern scheint ein staatlich garantiertes Grundeinkommen für Rentner und Rentnerinnen meines Erachtens dringend erforderlich. Ein Blick über den nationalen Tellerrand etwa nach Österreich wäre durchaus hilfreich.

Hier liegt das durchschnittliche Rentenniveau bei 1400 Euro, knapp 500 mehr als in Deutschland. Der Grund dafür ist, dass die Rentenbeiträge in dem Alpenland um gut vier Prozentpunkte höher ausfallen als bei uns. Allerdings zahlen die Arbeitgeber zwei Prozentpunkte mehr als ihre Beschäftigten in die Vorsorgekasse ein.

Die Mindestrente für Geringverdiener in Österreich, die dreißig Jahre lang gearbeitet haben, beläuft sich einem Bericht des Mitteldeutschen Rundfunks vom 5. März 2019 zufolge auf 1223 Euro. Nach 45 Jahren Arbeit beziehen sie etwa 80 Prozent des vorherigen Durchschnittslohns als Rente. In Deutschland liegt die Rentenhöhe nur bei etwa 48 Prozent des vorherigen Durchschnittslohns. Und während Österreicher mit 65 Jahren das Rentenalter erreicht haben, muss man hierzulande bald 67 Jahre arbeiten. Das Modell Marke Austria gefällt mir.

Eine andere Möglichkeit, das Rentenniveau bei uns zu erhöhen, bestünde darin, den gesetzlichen Mindestlohn auf ein auskömmliches Niveau anzuheben. Realistisch betrachtet, müsste dann aber vermutlich jeder zweite Gastronom, Bäcker oder Friseur seinen Laden schließen.

Auch das kann nicht das Ziel sein. Es ist schwer, in diesen Zeiten die richtige Schlussfolgerung zu finden. Allerdings vermisse ich derzeit in Bund und Land eine ideologiefreie Debatte über das Machbare.

Ich bin kein Freund von staatlichen Reglements, dem Helikoptern der Bürger durch die Politik. Viel lieber ist es mir, die Menschen nehmen die Probleme auch selbst in die Hand. Nach meinem Empfinden muss dringend etwas geschehen. Ein Ruck muss her, der die Menschen, die Kumpels – seien es Zuwanderer oder Eingesessene, sei es Alt oder Jung – wieder näher zueinander bringt. Diesem Anspruch sollten wir uns wieder allesamt verpflichtet fühlen. Zugleich müssen Bund und Land in den kommenden Jahren ihre Schatullen weit öffnen, um die hoch verschuldeten Ruhrkommunen wieder flott zu bekommen. Nur dann kann der Reloaded-Knopf auch zünden. Denn Heimat, ganz gleich wie sie sich definiert, lässt einen nur Wurzeln schlagen, wenn man sich wohlfühlt, wenn es vorwärtsgeht, der Laden läuft und es ebenso klappt mit dem Nachbarn.

Es ist Zeit, aus der Agonie herauszufinden. Bei den endlos langen Debatten über Rassismus, rechts oder links, den misslungenen Strukturwandel, verlieren wir die wahren Probleme aus den Augen. Folglich lautet mein Credo: Fangt endlich an zu motzen! Fangt an zu klotzen! Hört auf damit, die existierenden Probleme im Pott nur oberflächlich anzuprangern! Geht in die Tiefe! Legt die Wahrheit offen! Die da lautet: Wir brauchen endlich Hilfe und kein beschönigendes Gesabbel! Wir brauchen einen Aufbau West!!!

GLÜCK AUF!

Anmerkungen

1 Axel Spilcker: »Essener Polizei-Chef spricht über Clans: ›Integration voll gegen die Wand gefahren‹«. In: Focus online. https://www.focus.de/politik/deutschland/interview-essener-polizei-chef-spricht-ueber-clans-integration-voll-gegen-die-wand-gefahren_id_10512108.html 28. März 2019. (Stand 14.6.2019.)

2 Wolfram Goetz: Arbeitslosigkeit, Armut und Tristessen. In: Deutschlandfunk.de 07.08.2016, https://www.deutschlandfunk.de/ruhrgebiet-arbeitslosigkeit-armut-und-tristesse.724.de.html?dram:article_id=362393 (Stand 14.6.2019)

3 Ebd.

4 »Die Zukunft des Ruhrgebiets – Wirtschaftliche Lage und Potenziale des größten deutschen Ballungsraumes«. Klaus-Heiner Röhl, Alexander Burstedde, Barbara Engels, Wido Geis, Hanno Kempermann, Matthias Niendorf, Thomas Puls, Christopher Thiele, Köln, 20. August 2018

5 Siehe *Wirtschaftswoche*, Immobilienscout 24 und IW Consult, Städteranking 2018, veröffentlicht am 9. November 2018

6 Christian Wernicke, »Mehr als nur Kohle«, *Süddeutsche Zeitung*, 15. 12.2018

7 Christian Wernicke, »Mehr als nur Kohle«, *Süddeutsche Zeitung*, 15. 12.2018

8 https://www.land.nrw/de/pressemitteilung/minister-stamp-integrationsklima-nordrhein-westfalen-ist-positiv

9 »Integration und Religion aus der Sicht von Türkeistämmigen in Deutschland«, 16. Juni 2016, Professor Dr. Detlef Pollack, Universität Münster

10 Heinz H. Menge, *»Mein lieber Kokoschinski«*. Der Ruhrdialekt, (2013)

11 Geschichtsdidaktik.ewf.uni-erlangen.de – Abhandlung über Gastarbeiter

12 *Westdeutsche Allgemeine Zeitung*, 18.04.2017

13 Siehe Beitrag über die Verleihung des Wilhelm-Weber-Preises, Focus-Online, 23.05.2019

14 Thomas de Maizière, *»Regieren – Innenansichten der Politik«*, 2019

15 *Westfälische Allgemeine Zeitung*, 20.02.2019

16 *Rheinische Post*, 19.03. 2019

17 *Westdeutsche Allgemeine Zeitung*, 31.08.2018

18 Bis zur Umbenennung am 20. Mai 2018 agierte sie unter dem Namen Union Europäisch-Türkischer Demokraten (UETD)

19 Focus Online.de, 26.04.2018

20 Deutsche Presse Agentur, 9.08.2018

21 *Kölner Stadt-Anzeiger*, 19.03.2019

22 Ebd.

23 Focus-Online, 20.03.2019

24 Gespräch mit dem Co-Autor Axel Spilcker

25 Axel Spilcker: Angst vor Clans? Gerichtssprecher weist Vorwurf zurück, aber Vermerk belegt Gegenteil. In: Focus online 29.3.2919. https://www.focus.de/politik/deutschland/aerger-um-essener-clan-mitglied-gerichtssprecher-betont-haben-keine-angst-vor-clans-aber-vermerk-belegt-gegenteil_id_10522997.html. Stand: 14.6.2019

26 »Soziale Situation Deutschlands«, Zahlen und Fakten, Bundeszentrale für politische Bildung, 17.12.2018

27 Entwicklung der Altersarmut bis 2036. Deutsches Institut für Wirtschaftsforschung und dem Zentrum für Europäische Wirtschaftsforschung im Auftrag der Bertelsmann Stiftung, 2017

28 Siehe Beitrag auf bild.de vom 20. Mai 2019

29 Keck-Atlas Nordrhein-Westfalen, »Im Fokus: Chancen von Kindern«, Herausgeber Bertelsmann Stiftung, Juli 2018

30 Jürgen Stahl: Vorwürfe gegen Kunden - Tafel in Wattenscheid verliert 300 Mitarbeiter. In: *Westdeutsche Allgemeine Zeitung* 13.02.2015, https://www.waz.de/staedte/bochum/vorwuerfe-gegen-kunden-tafel-in-wattenscheid-verliert-300-mitarbeiter-id10341318.html?one=true. (Stand 17.06.2019).

31 »Darum nimmt die Essener Tafel nur noch Deutsche auf«. in Der Westen.de, 22.02.2018

32 »Grenzen des Sozialstaats«, *Tagesspiegel*, 23.02.2018

33 »Die Rassismus-Keule schwingt vorbei am eigentlichen Problem«, Cicero.de, 27.02.2018

34 Ebd.

35 »Essener Tafel verteidigt Aufnahmestopp für Migranten«, *Rheinische Post*, 23.02.2018

36 »Tafel-Chef: Wir lassen uns nicht von der Kanzlerin rügen«, *Neue Osnabrücker Zeitung*, 1.03.2018

37 »Armut ist vor allem ein Problem in den Großstädten«, Bertelsmann Stiftung, 2.04.2019

38 Controlling-Bericht JobCenter Essen, 17.01.2019